Eva-Maria Altemöller

Gelassenheit

Eva-Maria Altemöller

Gelassenheit

Von der Kunst
und dem Vergnügen
über den Dingen
zu stehen

Pattloch

Die Schwarzweißaufnahmen in diesem Buch
stammen aus der Nikon FE 10 der
jungen Fotografin Maja Bittner (Jahrgang 1977).
Im Hauptberuf ist sie, wie die Autorin auch,
Buchhändlerin in Rothenburg ob der Tauber.

Bekannt wurde Eva-Maria Altemöller vor allem durch ihr Buch
über kreatives Schreiben (Münster 1998) und ihre im Pattloch Verlag
erschienenen Bücher „Was wär ich ohne Dich?", „Für Dich,
meine Freundin", „Die schönste Liebesgeschichte der Welt",
„Seelenruhe. Über die Kunst und das Vergnügen ganz einfach zu leben"
(München 2001) und „Herzensdinge. Von der Kunst und dem
Vergnügen sich und andere glücklich zu machen" (München 2002).

Die Adresse der Autorin:
Eva-Maria Altemöller, Rödergasse 3, 91541 Rothenburg

Bibliografische Information Der Deutschen Bibliothek
Die Deutsche Bibliothek verzeichnet diese Publikation in
der Deutschen Nationalbibliografie; detaillierte bibliografische
Daten sind im Internet über http://dnb.ddb.de abrufbar.

© 2003 Pattloch Verlag GmbH & Co. KG, München
Umschlaggestaltung: Atelier Lehmacher, Friedberg (Bay.)
Satz, Layout und Herstellung: Ruth Bost; gesetzt aus Kennerley Oldstyle
Reproduktion: Kaltnermedia, Bobingen
Druck und Bindung: Clausen & Bosse, Leck
Printed in Germany

ISBN 3-629-01662-6
www.droemer-knaur.de

Natürlich ist dieses Buch niemand anderem
als Tristan Niemöller gewidmet,
auch wenn er eigentlich anders hieß.
Aber ich bin sicher, dass er da oben, wo er jetzt liest,
schon weiß, wer gemeint ist,
denn er war immer ein kluger Kopf.
Wahrscheinlich erzählt er gerade den Engeln
ein paar Geschichten vom Pferd,
vom *Trojanischen Pferd*, meine ich,
denn die Sagen des Klassischen Altertums
waren eines seiner Spezialgebiete.
Manchmal, wenn ich wieder mal
(weisungsgemäß) Wolken zähle,
stelle ich ihn mir vor,
wie alles gebannt seinen Erzählungen lauscht,
während Homer ihm die ewig kalten Füße wärmt.
Homer ist übrigens Tristans alter Rauhaardackel,
und wenn es Sie interessiert,
ist über die beiden hier bald mehr zu erfahren.

Sie sollten ruhig gespannt sein
auf meinen fabelhaften alten Lehrer,
der sich schon immer auf die seltene Kunst verstand,
die Dinge aus einem anderen Blickwinkel wahrzunehmen.

Von oben nämlich.

INHALT

In der Küche meiner Nachbarin Juliette
hängt neben all den Rezepten für ihre berühmten Suppen,
Saucen und Soufflés auch eines fürs Glück.
„Vivez bien, aimez beaucoup, riez souvent!",
steht da zu lesen,
was sich schlicht und ergreifend in etwa mit
„Gut leben, viel lieben, oft lachen!"
übersetzen lässt.

Das ist natürlich leichter gesagt als getan.
Wenn einen das Leben
wieder mal so richtig auf dem Kieker hat,
dann hat man erfahrungsgemäß
nicht mehr viel zu lachen, scheint mir,
und auch mit dem Lieben ist das dann so eine Sache.

Manchmal hat er einen eben am Wickel, der Stress,
den ganz offensichtlich jeder, der auf diesem Globus lebt,
in der einen oder anderen Form hat
(von ein paar Heiligen im Himalaja oder in anderen
entfernten Weltgegenden vielleicht abgesehen).
Selbst die Queen hat's bekanntlich nicht leicht
und dabei ist sie doch mit sämtlichen
irdischen Glücksgütern überreich gesegnet:
Die arme Frau schaut, wie man hört,
den ganzen Tag Fernsehen,
weil sie außer ein bisschen Kutschefahren,

Parlamenteröffnen (und vielleicht noch ein wenig
huldvoll zu winken und ein paar neue Hüte auszusuchen)
nicht viel anderes zu tun hat.
So etwas kann einem schon zu denken geben.

Da ist er mir denn doch lieber, der tägliche Kram,
mit dem sich Normalsterbliche wie wir
auseinander setzen müssen.
Ich kann mich wenigstens bei Juliette oder Paula
darüber beklagen, wie schwer ich's doch habe.
Und sie würden nie zögern, mir zu bestätigen,
dass ich mich auf der Richterskala des Stresses
wieder mal im oberen Feld bewege.
Leute aber, die alles haben,
was sich mit Geld kaufen lässt,
und die außerdem noch über so viel Zeit verfügen,
dass sie regelmäßig ein Mittagsschläfchen halten können
(was ich nur deshalb erwähne, weil so ein Mittagsschläfchen für mich den Gipfel allen Luxus' darstellt),
diese Leute, scheint mir, haben selten so gute Freunde
wie Paula und Juliette oder auch Brian O'Neill
zum Beispiel: sie haben alle ihre ganz eigenen
Mensch-ärgere-dich-nicht-Methoden entwickelt
und waren freundlicherweise bereit,
ein wenig aus dem Nähkästchen zu plaudern.
Lassen Sie sich überraschen.

1

Der
tägliche Kram

Oder:

Über Rohr- und
Ehebrüche und
andere Katastrophen.
Und über die
schwierige Kunst,
die Dinge ein
wenig gelassener
anzugehen

Was an jenem denkwürdigen,
rabenschwarzen Freitag geschah.
Oder: Hauptsache gesund!
Alles andere ist ja so was von schnurz!

Eigentlich fing er ganz verheißungsvoll an, jener schwarze Freitag, der zufällig auch noch ein dreizehnter war. „Im Grunde hätten wir es vorher wissen müssen", sagte Paula später und fügte – mit einem Augenzwinkern – hinzu: „Aber bitte, ich bin nicht abergläubisch. Das sind Steinböcke nämlich *überhaupt* nicht."❡

Im Nachhinein ist man ja immer klüger. Aber im Nachhinein pflegt man auch – von ein paar Ausnahmen vielleicht abgesehen – festzustellen, dass man eigentlich noch ganz glimpflich davongekommen ist. Hätte alles auch noch viel schlimmer kommen können. Das Problem daran ist nur: Wenn das Leben einen so richtig auf dem Kieker hat, fällt es ziemlich schwer, sich daran zu erinnern, dass „alles nur halb so schlimm" ist.❡

Ich jedenfalls steckte knietief im Schlamassel, an jenem besagten Freitag, dem dreizehnten Januar, an dem ich nichts Böses ahnend und im Prinzip auch ganz guter Dinge aufstand. Es war ungewöhnlich kalt an diesem Morgen, fand ich, merkte aber nicht gleich, was Sache war, sondern zog mir nur ein Paar Extrasocken an und einen alten XXXXXXL-großen Pullover, bevor ich auf meinen Fellpuschen in die Küche glitt. Unser Hubertus war schon da und wartete auf seine morgendlichen Brekkies. Wir zwei tranken erst einmal in aller Ruhe Tee. Ich liebe diese frühen Morgenstunden, müssen Sie wissen, bevor die Meinen

Ich liebe diese frühen Morgenstunden, dann ist die Welt – zumindest theoretisch – noch in Ordnung.

schlaftrunken aus den Federn taumeln. Dann ist die Welt – zumindest theoretisch – noch in Ordnung und sie scheint einem auch ganz allein zu gehören, dieselbe Welt, die ein paar Stunden später von Kindern und Hunden und diversen Elektrogeräten mit Lärm angefüllt wird. Dann verbreiten Radioansager (die einem zu allem Überfluss alle naselang einen *supertollen* Tag wünschen) gnadenlos gute Laune und dröhnen einen, wenn man nicht aufpasst, mit Musik zu, gegen die *Heidewitzka, Herr Kapitän* noch ein echter Ohrenschmaus ist.

Vielleicht wären an besagtem Freitag, dem dreizehnten, die Dinge ganz anders gekommen, wenn ich dem Wetterbericht gelauscht hätte, wer weiß?

Aber Unglückstage haben die Eigenschaft, dass sie fast immer ganz harmlos anfangen. In der Regel stellt man erst dann, wenn's zu spät ist, fest, dass man heute besser nicht aufgestanden wäre. Aber dann hat uns der Stress schon fest im Griff.

Als ich nach einer halben Stunde noch immer fror wie ein Schneider, ging mir endlich auf, dass etwas nicht stimmte, und ich erinnerte mich, während mir plötzlich der Angstschweiß auf die Stirn trat, dass sie kein gutes Zeichen waren, die Eisblumen an meinem Küchenfenster, über die ich mich zunächst gefreut hatte, weil sie mich an meine Christianssieler Kindheit erinnerten: Ich bin (mit einer veritablen Menge von Cousins und Cousinen) bei meinen Großeltern Brahm aufgewachsen. Sophie-Louise und Jens-Christian, genannt Krischan, Brahm wussten, was sie von den Dingen zu halten hatten, und sie sind – bis vor nicht allzu langer Zeit – für mich immer so etwas wie ein Fels in der Brandung gewesen. Sie sind beide sehr alt geworden, über hundert, und ich hatte das Glück, wann immer mir danach war, mich in mein heimatliches Provinznest an der Küste Ostfrieslands flüchten zu können, wo ich stets damit rechnen durfte, dass ich erst einmal über einer großen Kanne Tee mein (übervolles) Herz ausschütten konnte. Und dass peu à peu die Dinge wieder ins Lot kamen. Seit ein paar Jahren bin ich *verwaist*, denn Sophie und Krischan sind nicht mehr und auch den guten alten Tristan Niemöller, unseren Dorfschullehrer, haben wir unlängst zu Grabe tragen müssen. Nur Jan-Willem van Köping, der beste Freund und Kupferstecher meines Großvaters, ist noch da, erfreut sich bester Gesundheit und plant, demnächst meines Großvaters Rekord in Sachen Langlebigkeit zu brechen. Wenn mich das Heimweh nach unserer wunderschönen, *warmen* Christianssieler Küche packt, in der es stets nach irgendetwas Gutem, Frischgebackenem duftete, dann rufe ich ihn an und stelle fest, dass er auch gerade an meine Großmutter gedacht hat, die er sehr verehrte. Ich lade ihn auch immer in unsere höchst malerische, dafür aber leider *eiskalte* fränkische Mühle ein, aber er ist immer noch ein sehr begehrter Junggeselle und daher nur schwer abkömmlich.

In diesem Eiskasten von einem Haus werde ich wohl dereinst meine Tage beschließen, wenn kein Wunder geschieht und ich meinen Mann nicht dazu überreden kann, nach Ostfriesland auszuwandern. Aber ihm gefällt es hier, weil es ihn an seine Kindheit in Vermont erinnert, während ich fast umkomme vor Heimweh.

An diesem Freitagmorgen gab ich mich also der Betrachtung der Eisblumen an meinem Küchenfenster hin, hing ein wenig meinen eigenen Gedanken nach – bis es mir dann endlich zu dämmern begann: Eisblumen sind zwar wunderschön, aber wenn man ein Haus mit Fußbodenheizung hat,

sind sie ein Hinweis, dass man besser den Klempner anrufen sollte und zwar möglichst *zügig.*
Bei vierundzwanzig Grad minus platzt
nämlich gern die eine oder andere Lei-
tung im Fußboden und dann hört die Gemütlichkeit wirklich auf. ❡

*Eisblumen sind zwar
wunderschön, aber …*

Aus diesen Worten spricht so einiges an leidvoller
Erfahrung, glauben Sie mir. Wir haben eine von diesen
hypermodernen Heizungen mit allen Schikanen, wobei
man das Wort „Schikane" in diesem Zusammenhang
durchaus wörtlich nehmen kann. Das ahnten wir nur
damals nicht, als wir sie kauften. Angeblich sei sie „äußerst
sparsam im Verbrauch", aber das liegt vor allem daran, dass
sie gut wie nie funktioniert, jedenfalls nicht dann, wenn
man sie braucht. Denn sie denkt antizyklisch: Im Sommer
beginnt sie schon mal zu heizen, wenn bei siebenunddreißig
Grad im Schatten die Vögel ohnmächtig vom Baum fallen
und die Hunde sich tagelang im Keller verkriechen. ❡

In unserer uralten Mühle aus dem siebzehnten Jahrhundert, die so historisch ist, dass es überall zieht, ist eine
solche Anlage jedenfalls nur von zweifelhaftem Nutzen.
Immerhin verfügen wir über einen Kachelofen, der zwar
ähnlich eigenwillig ist, aber wenn er sich denn mal dazu
bereit erklärt, sich anschüren zu lassen, gibt er auch ein
bisschen Wärme ab. Zumindest so viel, dass man nicht an
der Stelle, an der man sich gerade befindet, festfriert. *Puff,
the Magic Dragon,* nennen wir dieses Ungetüm (nach einem
alten Song von Peter, Paul und Mary). Puff lässt sich von
meinen Mann, von Alma und vielleicht noch von Paula
anheizen, jedenfalls nicht von mir. Was habe ich nicht
schon alles probiert – mit Engelszungen habe ich auf ihn
eingeredet und ihn verflucht bis ins siebte Glied, aber er

15

ließ sich nicht beeindrucken. Er lässt mich jedes Mal eiskalt abblitzen.❡

Wenigstens gehorcht er meinem Mann, wenn auch widerwillig. Allerdings nur an geraden Tagen. An ungeraden hat Puff frei und lässt sich auf nichts ein. Selbst unser Ofensetzer beißt sich dann die Zähne aus an ihm und nur Alma kommt dann noch mit ihm klar. Ihr gehorcht er (so wie unsere Kinder und Hunde auch) aufs Wort, denn Alma hat die seltene Gabe, die Dinge durch Handauflegen in Ordnung zu bringen – wie meine Großmutter.❡

An jenem Freitagmorgen war mein Mann natürlich wieder mal unterwegs, da Männer, das ist das ewige Gesetz, mit Vorliebe dann durch Abwesenheit glänzen, wenn man sie besonders dringend braucht. In dieser Beziehung sind sie Handwerkern nicht unähnlich, Klempnern vor allem, die ich an diesem zappendustren Morgen fieberhaft zu erreichen versuchte. Aber natürlich lässt sich auf die Schnelle niemand auftreiben, denn Handwerker scheinen sich geradezu einen *Sport* daraus zu machen, nicht da zu sein. Vor allem am Wochenende und schon gar nicht in der Skisaison. Von Freitagmittag jedenfalls bis Montag früh kann man sehen, wo man bleibt, es sei denn, der Donnerstag ist ein Feiertag, dann tut man gut daran, seine Probleme in die Zeit zwischen Montag früh und Mittwochmittag zu legen, sonst ist der Ofen aus. Mein Heizungsinstallateur war jedenfalls gerade auf einem Segeltörn irgendwo in der Karibik unterwegs und ließ sich wahrscheinlich die Sonne auf den Pelz brennen, während hier alles Stein und Bein fror. Normalsterbliche wie wir und andere Hungerleider, die bloß studiert haben, können sich derlei Ausflüge natürlich nicht leisten. Bei uns reicht das Geld gerade mal für einen Tagesausflug zur Burg Pottenstein.❡

Während ich noch mit dem Schicksal haderte, das mich in diese Mühle verschlagen hat, lief ich zu Alma rüber, die gleich nebenan wohnt. Ihr gelang es denn auch wenig später, Puff dazu zu überreden, ein paar Kalorien abzugeben, jedenfalls so viel, dass sich das Schlimmste abwenden ließ.

Alma und ich haben eine Reihe von Rohrbrüchen und anderen mehr oder weniger verheerenden Wasserschäden hinter uns, denn eine meiner Buchhandlungen hat einen Keller aus dem sechszehnten Jahrhundert, der immer dann voll Wasser läuft, wenn es mal etwas mehr regnet oder die Rezat über die Ufer tritt. Und wenn es *noch* mehr regnet, können wir anfangen, in Gummistiefeln unsere Bücher zu retten. Da kommt dann so *richtig* Freude auf.

An jenem Freitagmorgen hatte sich das Leben aber wieder einmal etwas ganz Neues ausgedacht. In der Nacht war ein defekter Heizkörper in besagter Buchhandlung geplatzt und unser einst sehr schöner Laden hatte sich in eine Seenlandschaft verwandelt. Was ich allerdings um acht Uhr, als wir daheim dachten, das Schlimmste hinter uns zu haben, noch nicht wusste. Aber ich ahnte nichts Gutes, als das Telefon ging. Ich höre nämlich immer schon am Klingeln, wenn etwas nicht stimmt. Und mich ein Babysitter (zum Beispiel) darüber in Kenntnis setzt, dass er eines unserer Kinder an einer Flasche Palmolive nuckelnd angetroffen habe und dass es jetzt fröhlich krähend Seifenblasen rülpse. (Ob da ein Handlungsbedarf bestehe?) Am Klingeln merke ich auch immer, ob im Geschäft gerade irgendetwas aus dem Ruder läuft. Irgendwie, scheint mir, klingelt dieses Teil dann schneller und, wie soll ich sagen, *dringlicher*. Aber vielleicht bilde ich mir das auch nur ein.

Jedenfalls wusste ich gleich, was Sache war, als an einem Freitag, dem dreizehnten, bei zwanzig Grad minus um acht

Uhr in der Früh das Telefon schrillte und sich unsere Ulrike meldete, die eine gestandene Frau ist und die mit kleinen, mittleren und großen Problemen auch allein fertig wird. Als Mutter von drei Kindern hat man so was drauf. „Wenn man Kinder hat, wird man sowieso feuerfest", behauptet sie. „Man lernt, sich über den Kleinkram nicht mehr groß aufzuregen, sonst wird man mit dem Aufregen nämlich nie fertig."¶

Da ist bei Licht besehen etwas Wahres dran. *Don't sweat the small stuff*, nennen die Amerikaner diese schon fast geniale Sorgensortiertechnik, und wenn man sie so richtig beherrscht, stellt man fest, *dass so gut wie alles eigentlich Kleinkram ist.* Und wenn man sich *nicht sofort* aufregt, sondern erst mal die Luft anhält, ist das schon mal die halbe Miete – obwohl man sich im Einzelfall immer wieder zur Ordnung rufen und an diese Zusammenhänge erinnern muss.¶

Es ist so gut wie alles eigentlich Kleinkram.

Weswegen ich an dem meistbenutzten Möbel in unserem Haus, dem Kühlschrank, eine Reihe von Magneten hängen habe, auf denen so beherzigenswerte Texte stehen wie: „Du kannst mir keine Angst machen, ich habe Kinder" oder auch „Ich habe noch nie eine Kalorie getroffen, die ich nicht mochte", was hier nicht zum Thema gehört oder, sagen wir, nicht so *direkt*. Denn noch ist von jenem Unglückstag die Rede, an dem alles, aber auch wirklich *alles*, was nur irgendwie schief gehen konnte, dann auch tatsächlich schief ging. Zumindest kam es mir an diesem Tag so vor. Rückblickend betrachtet bin ich mit einem blauen Auge davongekommen. „Und eigentlich", behauptet Paula, „kommt man immer mit einem blauen Auge davon, denn es gibt kaum eine Situation, in der man sich nicht ausmalen könnte, was *noch* alles hätte passieren können und was dankenswerterweise nicht passiert ist. Mit der Einstellung kommt man sehr weit: *Hauptsache gesund*, ist die Devise. Alles andere sei daneben, findet Paula, *„aber auch so was von schnurz."* ¶

Dass Ulrike an dem bewussten Freitagmorgen am Telefon war, konnte nichts Gutes verheißen, obwohl sie mir so schonend wie möglich beizubringen versuchte, was passiert war. Die Heizung müsse wohl in der vorhergehenden Nacht die Mücke gemacht haben. Und jetzt laufe ein wenig Wasser heraus. Aber leider, leider komme niemand an den Haupthahn, weil etc. etc.

Hauptsache gesund, alles andere ist daneben aber auch so was von schnurz.

Ich wartete ihre Erklärungen nicht länger ab, sondern schnappte mir meine Gummistiefel und fuhr los. ¶

Zum Glück hatte ich meine Hochwasserhosen an, einen uralten Overall von bequemer, wenn auch nicht gerade kleidsamer Weite, wie ihn mein Mann zum Angeln anzuziehen pflegt. ¶

So rettete ich an diesem Freitagmorgen denn auch als Erstes unseren Bailey. Bailey, müssen Sie wissen, ist in diesem Falle kein Likör, sondern der einzige Name, auf den ein äußerst liebenswerter, etwas schusseliger Kater reagiert, der uns immer dann besucht, wenn er wieder mal vergessen hat, wo er zu Hause ist. Wenn er denn überhaupt ein richtiges Zuhause hat – darüber weiß keiner Genaues. Jahrelang haben wir gedacht, er leide unter Gedächtnisschwund, denn der Jüngste ist er offensichtlich schon seit längerem nicht mehr, bis durch Zufall eines Tages herauskam, dass das liebe Tier in einem benachbarten Gasthof auf die regelmäßige Zuwendung diverser Alkoholika rechnen darf. Offensichtlich ist das eine ganze Menge. Seither schläft Bailey in einem unserer Lesesessel oder auch auf dem Fotokopierer (der immer so schön warm ist) seinen Rausch aus. Auch im Schaufenster sucht er sich gern ein hübsches Plätzchen. Wenn er wieder nüchtern ist (und so richtig nüchtern wird er eigentlich nie), schmust er mit unseren Kunden und bettelt in der übrigen Zeit um milde Gaben – die ihm natürlich niemand abschlagen kann, so charmant, wie er nun mal ist. Einer unserer Stammkunden füttert ihn mit Weinbrandbohnen und um fünf vor elf, kurz bevor er üblicherweise kommt, sitzt Bailey ungeduldig von einer Pfote auf die andere tretend an der Tür und wartet. Bailey würde sich gut mit einem unserer Hunde verstehen, der auch ein Alkoholproblem hat und von dem später noch die Rede sein wird.

An jenem Morgen saß Bailey leise klagend ganz oben auf dem Bildbandregal, wo wir unsere Mon Chéris immer vor ihm verstecken. Von dort befreite ich ihn erst einmal, bevor ich ihn zu Nachbars rübertrug, wo er ein Extraschüssel-chen Starkbier bekam – für Bailey war danach alles in Butter. Nicht so für uns.

Wir hatten es inzwischen geschafft, den Haupthahn abzudrehen. Aber um elf Uhr war unser Klempner immer noch nicht da, denn andere Zeitgenossen hatten an diesem Morgen offensichtlich ein ganz ähnliches Problem. Um zwölf Uhr brachte unser Vermieter dann den Keller-schlüssel vorbei, natürlich ohne ein Wort der Entschuldigung oder gar des Bedauerns, denn er hatte während des Wochenendes, um Energie zu sparen, die Temperatur im Hause so weit gesenkt, dass die Heizung überhaupt keine Chance hatte, gegen diese Kälte anzukommen. Karl ist ein sehr heiterer Mensch und er kommentierte die Sache, da er mit ihr nicht allzu viel am Hut hatte, ganz gelassen in breitestem Fränkisch (alias Fränggisch): „Wenn'st noch a weng

21

zuwartst, na gfriert dir hier ois. Na kemma do Schlittschuh laafe. Wär doch mal was annerscht." *Sehr* witzig.❡

Es gibt Situationen, da könnte man solch oberschlauen Zuschauern geradewegs eine schallern. Und doch, als am Abend dieses schrecklichen Tages die Heizung wieder auf Volltouren lief und wir so langsam vor uns hertrockneten, begann unsere kleine Welt wieder ins Lot zu fallen. All meine Kolleginnen waren da und schippten Wasser, auch die Nachbarn halfen kräftig mit und Höllfelders versorgten uns mit Starkbier. Alma und Paula kamen mit sämtlichen Kindern, einem Topf Erbsensuppe und jeder Menge Plastikschippen angefahren, denn beide wissen aus eigener Erfahrung: damit lassen sich kleinere und mittlere Wasserschäden am besten beheben. Mein Sohn Christian war auf die glänzende Idee verfallen, einen von diesen Industriestaubsaugern zu besorgen, mit denen man auch Blätter, Akten, wichtige Notizzettel und weiß der Himmel was sonst noch alles aufsaugen kann. Wenn sie funktionieren, sind sie ganz praktisch. (Christians Modell hatte jedoch ein Leck, was aber erst unsere Maxie merkte, die selber noch etwas undicht ist und daher gleich heraushatte, was Sache war.)❡

Am Abend gegen halb neun kochte Alma für uns alle Kakao, keinen *Kaba*, sondern eine richtig starke, spanische *Chocolate*, von deren beruhigender, stressvermindernder und überhaupt in jeder Hinsicht segensreicher Wirkung sie felsenfest überzeugt ist. Dazu gab es Wiener Würstchen mit Kartoffelsalat (wiederum von Höllfelders) sowie jede Menge Fleischpflanzerl und ein Riesenstück Leberkäs vom Metzger um die Ecke. Giuseppe, unser freundlicher Nachbar zur Linken, stiftete uns eine etwa wagenradgroße Familienpizza und einen Eimer Eis, was ziemlich gut ankam, und schließlich brachte Bäcker Nebbich eine Tüte Faschingskrapfen vorbei.

Wahrscheinlich wären wir alle einem Darmverschluss erlegen, wäre nicht zu guter Letzt unser Vermieter mit einer Flasche Underberg und diversen anderen Spirituosen aufgetaucht. Eierlikör und Amaretto hatte er eingepackt und eine halbe Flasche Grand Marnier sowie diverse Bouteillen gut gekühlten Prosecco, lauter Dinge also, von denen er – nicht zu Unrecht – annahm, dass sie vor allem Damen munden. Er ist doch kein schlechter *Karl*, fand ich, trotz der respektlosen Bemerkung mit den Schlittschuhen.

So verlief der Abend doch noch zur allgemeinen Zufriedenheit. Zumal es mir gelang, mich durch angemessene Mengen Prosecco zu betäuben und mich den angenehmsten Illusionen über das wahre Ausmaß der Zerstörung hinzugeben. Um zehne legten wir die Kinder im Spielzimmer schlafen und ich versuchte so etwas wie eine Bilanz zu ziehen: Wir würden eine Weile schließen müssen, brauchten (schon wieder) einen neuen Teppich und trotzdem würde es hier wochenlang müffeln. („Kannst es ja vielleicht a weng mit Champignonzucht probiern", schlug Karl vor. „Hast eigentlich genau das richtige Biotop dafür.")

Gegen Feuer, Wasser und die Großkopferten da oben ist man ohnehin so gut wie machtlos.

Das ist eigentlich das Schlimmste an diesen Wasserschäden. Mit einen Ehebruch, muss ich Ihnen sagen, könnte ich notfalls noch leben, aber mit einem Rohrbruch ist das etwas ganz anderes. „Gegen Feuer, Wasser und die Großkopferten da oben", pflegte meine Großmutter zu sagen, „ist man ohnehin so gut wie machtlos".

Die Lage war ernst. Wenn ich denn überhaupt irgendetwas von der Versicherung bekommen würde, so wäre damit der Verdienstausfall der nächsten Wochen immer noch nicht gedeckt. Und die Zeiten werden ja auch nicht gerade einfacher – wenn man heutzutage eine kleine Buchhandlung durchbringen will, muss man schon früh aufstehen. Und sich warm anziehen, denn der Wind kommt seit ein paar Jahren von vorne.

Und doch gab ich alles Grübeln bald auf. Man konnte ohnehin die Hand vor Augen nicht sehen, denn am Nachmittag gegen vier hatte der Heizungsinstallateur endlich die Anlage zumindest provisorisch repariert und inzwischen ähnelte unser schöner Laden eher einer Waschküche denn einer Buchhandlung. Dankenswerterweise enthielt sich Karl diesmal jeden Kommentars – ich hatte eigentlich irgendetwas Saunamäßiges erwartet, aber er hielt sich zurück, während ich versuchte, das Kondenswasser, das nur so die Scheiben herunterlief, mit meinen kleinen Heizlüftern zu trocknen.

Ich war nach einem Glas Prosecco übrigens volltrunken. Um elf Uhr rief mein Mann an, der damals irgendwo im sonnigen Süden, am Bodensee, wenn ich mich recht erinnere, zu einer Fortbildung weilte, und fragte, wie es denn so gehe. „Uns geht's hier" – an dieser Stelle konnte ich leider ein Aufstoßen nicht ganz unterdrücken –, „uns geht's hier blen-blendend." „Ihr macht euch wohl gerade einen schönen Abend", lachte er, nachdem er sich nach meinem und der Kinder Gesundheitszustand erkundigt hatte. „Wir hatten hier einen kleinen Rohrbruch", informierte ich ihn, aber ich klang wohl nicht ernst genug. „Na, dann ist ja alles in Ordnung", sagte der Mann, der einmal geschworen hatte, mir in guten wie in schlechten Zeiten beizustehen. Aber ich kenne ihn, er meinte das nicht böse. Er ist nur ein wenig – wie soll ich sagen? – weltfern. Und er hat's zuweilen auch ein bisschen auf den Ohren. „Na, denn wünsche ich euch noch einen gemütlichen *Ausklang*. Genießt es!", empfahl er uns und hatte auch schon aufgehängt.

Hatte Peter wirklich *Ausklang* gesagt? Ich sah an diesem Abend aus, als hätte mich jemand aus einem Teich gefischt (in dem ich wochenlang zwischen Schlingpflanzen gelegen haben muss), und Peter sprach von einem „gemütlichen Ausklang". Mein Gott! Dieser Mann ist zuweilen so sehr mit etwas anderem beschäftigt, mit Nachdenken zum Beispiel oder anderen Formen des Nichtstuns, dass er es zweifellos nicht einmal bemerken würde, wenn man ihm eines Nachts eine andere Frau unterschöbe.

Na ja, vielleicht übertreibe ich hier ein wenig. Aber es ist schon so. Peter bemerkt es nicht einmal, wenn ich eine völlig neue Frisur habe oder eine Brille, mit der ich plötzlich aussehe wie der Maulwurf Grabowski. Unlängst führte ich ihm ein ganz neues Gewand vor, so ein wunderbares Satin-Abendkleid, das mich mehr Geld gekostet hat, als ich eigentlich habe. Wenn man das Gesicht nicht rechnet, sehe ich, von den Schultern abwärts gesehen, darin noch ganz ordentlich aus, aber Kinder wie Christian, sage ich Ihnen, kosten einen den letzten Nerv. Und das sieht man auch. Ich fragte Peter, ob ihm nichts auffalle. Um Höflichkeit bemüht rätselte er und fand auch bald die Lösung: „Ein neues Nachthemd? Hübsch!" Peter gehört, schätze ich mal, zu der überwältigenden Mehrheit von Männern, die eine Plastiktüte nicht von einer Gucci-Tasche unterscheiden können. Aber das macht nichts. Er hat eben andere Stärken. Seine große Liebe gilt der Anatomie, die unser Johannes, als er klein war, die Tante Anna Tommy nannte,

Peter gehört zu der überwältigenden Mehrheit von Männern, die eine Plastiktüte nicht von einer Gucci-Tasche unterscheiden können.

so oft war von ihr die Rede. Tommy, dachte er, sei ihr Nachname.❡

Aber apropos Anatomie: Unser älterer Sohn Christian, der stets irgendwelchen Unsinn anstellt, hat mir unlängst ein Vampirgebiss aus Plastik geschenkt – mit dem solle ich doch mal versuchen, Papas Aufmerksamkeit zu gewinnen. Aber das kann ich nicht, ich muss dann zu sehr lachen. Und Peter würde mich wahrscheinlich nur fragen, worüber ich mich denn so amüsiere und ob er noch ein Tässchen Kaffee haben kann von meiner guten Wiener Mischung, die er über alles liebt. Fragte man Peter, was oder wen er mit auf eine einsame Insel nehmen würde, wenn er die Wahl hätte, so würde er wahrscheinlich antworten: Wolf-Heideggers *Anatomieatlas* sowie einen ordentlichen Vorrat eines fein gerösteten Mokkas und – eine Kaffeemaschine.❡

Ich gebe mich da keinen Illusionen hin. Nicht die Bohne. Manche Männer sind eben so. „Man muss sie nehmen wie's Wetter, daran kann man auch nichts ändern", fand meine Großmutter. „Man sollte es nicht mal versuchen. Männer kannst du nur eine Weile lang beeinflussen, sagen wir, vom ersten bis sechsten Lebensmonat, wenn du zufällig ihre Mutter bist. Aber selbst das ist fraglich."❡

Männer muss man nehmen wie's Wetter, daran kann man auch nichts ändern.

Das habe ich inzwischen auch schon raus. Bei unserem älteren Sohn muss ich in dieser prägenden Zeit irgendetwas falsch gemacht haben. Die Milch der frommen Denkart hat bei ihm offensichtlich gar nicht angeschlagen. Er ist *so was von lebenstüchtig* und vor allem in Gelddingen äußerst geschickt, so dass ich mich frage, von wem er das hat. Von mir jedenfalls nicht.❡

Ich habe mir als Kind in Leer das eine oder andere Fünfzigpfennigstück dazuverdient, indem ich Zeitungen austrug. Und ich finde auch heute noch, dass das eine pädagogisch unglaublich wertvolle Beschäftigung ist, denn es vermittelt einem gewöhnlich die Erkenntnis, dass man in den feinsten Wohngegenden immer die schlechtesten Trinkgelder bekommt. Die Mark- oder gar Zweimarkstücke hingegen kamen immer (immer!) von den Leuten, die gar nicht danach aussahen, von den so genannten *Kleinen Leuten* nämlich. Man zieht, wenn man so zwölf, dreizehn ist, daraus seine ganz eigenen Schlüsse, die möglicherweise lebensbestimmend sind. Ich fliehe noch heute vor Damen mit Krokohandtaschen oder einem von diesen als *Beautycases* bezeichneten Werkzeugkästen, die mein Mann respektlos als Reparatur-Kits bezeichnet.

Wir suchen uns unsere Freunde da, wo man wirkliche Freunde findet. Doch unserem Christian leuchtet das nicht so recht ein. „Keine Fete ohne Knete" ist seine oberste Devise und das macht mich schon sehr traurig. Es ist immer traurig, wenn man feststellt, dass die Kinder ganz und gar nicht so sind, wie man sie sich wünscht. Doch das gehört offensichtlich zu den Dingen, auf die wir so gut wie keinen Einfluss haben, und es ist weise, sich darüber nicht den Kopf zu zerbrechen.

Christian verdient übrigens zur Zeit mit Scherzartikeln ein kleines Vermögen. In dem Laden, in dem Christian dieses Vampirgebiss erstanden hat, wird auch noch anderer Blödsinn verkauft und unser Sohn bekommt dort als Stammkunde zehn Prozent Rabatt, manchmal sogar mehr, wenn er irgendeinen Ladenhüter aus dem Regal zieht, um ihn einer neuen und vom Hersteller zweifellos nicht vorgesehenen Verwendung zuzuführen.

Aber damit nicht genug. Christian beliefert diese Tinnef-bude auch noch mit jenen selbst gebastelten genialen Produkten, die er sich pausenlos ausdenkt. (Während ich dies schreibe, ist er gerade dabei, in meiner Küche „Scherzkek-se" zu backen. Fragen Sie mich nicht, was da drin ist. Ist mir auch egal. Ich verdränge das Problem inzwischen.)

Ein Trost ist immerhin, dass seine Streiche nie böse oder hinterhältig sind, sondern nur „Ausdruck überschüssiger Energie", wie mein Mann das sieht. Aber er hat gut reden. Wenn Christian in der Schule einem Lehrer einen vier Wochen alten, pestilenzialisch stinkenden Limburger untern Stuhl klebt, ruft der Direktor *mich* an und nicht ihn. Es bleibt immer alles an mir hängen.

„Wie", frage ich mich manchmal, „soll man über den Dingen stehen, wie soll man – zum Teufel noch mal! – ruhig bleiben, wenn der Schuldirektor eines deiner Kinder deine Telefonnummer *eingespeichert* hat?" Kinder wie Christian, sage ich Ihnen, lassen einen vorzeitig altern.

„Und doch", findet Paula „sollte man nicht undankbar sein. Es könnte alles schlimmer kommen."

Paula weiß noch nicht, dass Christian der Tochter meines Kreditsachbearbeiters auf der Klassenfahrt ihren Beautycase mit Sekundenkleber zugeklebt hat. Ohne diese Kiste weigert sie sich, auch nur ihr Zimmer im Landschul-heim zu verlassen. *Man hat nichts als Stress.* Jetzt bekomme ich wahrscheinlich das Geld nicht, das ich so dringend brauche, um diese Wasserschäden zu reparieren, denn die Fritzen von der Versicherung haben sich natürlich, wie nicht anders zu erwarten war, herausgeredet. Das tun sie nämlich immer.

Ich sitze also seit jenem Freitag, dem dreizehnten, ganz schön in der Klemme. Und doch: Im Vergleich zu der Jahrhundertflut, die unlängst den Chiemgau und Sachsen verwüstete – im Vergleich dazu ist das, was mir jetzt zu schaffen macht, ein *Klacks.*❡

Daneben ist so ziemlich alles ein Klacks.❡

Woraus sich leicht die Grundregel Nummer eins aller Stressbewältigung ableiten lässt: So furchtbar es auch ist, was da geschieht – man kann sich fast immer damit trösten, dass nicht *noch* Ärgeres passiert ist. Daran ist bei Licht besehen eine Menge Wahres. *Wir leben noch!* Was will man mehr. Uns jeht's ja noch jold! Es ist alles eine Frage der Perspektive.❡

Man kann sich fast immer damit trösten, dass nicht noch Ärgeres passiert ist.

Rohr-, Ehe- und andere Schiffbrüche rangieren auf der nach oben offenen Richterskala des Stresses relativ weit unten, obwohl es uns so vorkommt, als könne uns kein größeres Übel treffen, wenn wir so richtig mittendrin stecken. Wenn man ab und zu, selbst noch im ärgsten Stress darüber nachdenkt, dass man's *im Vergleich zu anderen noch gut getroffen hat,* dann ist schon viel gewonnen. Dann ist eigentlich alles gewonnen.❡

Außerdem hilft, wenn es ganz schlimm kommt, meiner nicht unbeträchtlichen Erfahrung in Sachen Schlamassel nach schon ein ganz *einfacher Trick, um den Überblick nicht zu verlieren: Man versetze sich gedanklich in die Zukunft und betrachte rückblickend* das, was uns gerade zu schaffen macht, aus der Perspektive eines Menschen, der darüber eine Anekdote erzählt. Das ist schwer, weil einem in Stresssituationen in der Regel das Lachen vergeht und doch – wenn Sie in Gummistiefeln in Ihrem Keller stehen und plötzlich treibt da auf der Wasseroberfläche genau der Schuhkarton an, den Sie seit Jahren vergebens gesucht und schon verloren geglaubt haben, dann ist das eigentlich ganz lustig. An jenem Freitag schwamm auch eine von Bailey halb leer gefressene Mon-Chéri-Schachtel auf uns zu, die verpackten Pralinees hatte er aber freundlicherweise für uns übrig gelassen. So standen wir dann in meiner Buchhandlung, stierten auf das Bild der Verwüstung rings um uns herum und schoben uns leise seufzend diese Pralinen rein. Wenn man damit einmal angefangen hat, kann man gar nicht mehr aufhören. Nach etwa zehn von diesen schrecklich guten Pralinen bin ich stets etwas benebelt und so ging die Arbeit denn auch leichter von der Hand. ❡

Darin steckt eine weitere Gesetzmäßigkeit, die selbst das größte Pech noch hat: Erstens haben alle Kalamitäten irgendeinen – und sei es auch noch so kleinen – Vorteil (der sich allerdings dem ungeschulten Auge nicht gleich offenbart) und zweitens haben sie, so sie nicht allzu tragisch sind, stets irgendeine witzige Seite. Je früher man ihn auszumachen imstande ist, diesen heiteren Aspekt, den alle kleineren Unfälle einem ewigen Gesetz zufolge haben, je früher man die guten Seiten erkennt, die das Ganze *auch* hat, desto eher steht man wieder über den Dingen. Ganz einfach. Allerdings braucht es dazu etwas, worüber nicht jeder in gleichem Maße verfügt: Humor. ❡

Erstens haben alle Kalamitäten irgendeinen Vorteil.

Humor definierte mein Großvater Krischan, seines Zeichens Landarzt und (Alltags-)Philosoph, als die Fähigkeit der Seele „wegzudenken", gegen den Strich nämlich, die Perspektive zu wechseln, indem man die Gehirnregionen benutzt, die eigentlich gar nicht gefragt sind. Das ist das, was wirklich humorvolle Leute mit kreativen gemeinsam haben – sie „beamen" sich weg und sei es auch nur für ein paar Sekunden, um mit den erstaunlichsten Beobachtungen

30

wieder auf dem Boden der Tatsachen zu landen. Wer seinen Verstand richtig gebraucht, hat auch Witz und versteht sich auf die Kunst, den Standort zu ändern, von dem aus wir eine Sache betrachten. Und oftmals erscheinen uns die Dinge erst dann im richtigen Blickwinkel. Das sei wie mit der „Rasierloge" im Kintopp, wie mein Großvater das Kino nannte: In der vordersten Reihe, ganz unten, hat man nur ein ziemlich verzerrtes Bild von dem, was da so vor sich geht. Erst auf den besseren Plätzen – in größerer Distanz – hat man den rechten Überblick. Und das ist es, was Humor einem sichert: die besseren Plätze. ❧

Erst auf den besseren Plätzen – in größerer Distanz – hat man den rechten Überblick.

Krischan Brahm, der derlei Phänomene gern wissenschaftlich zu analysieren pflegte, nannte das Talent eines Menschen, über den Dingen zu stehen, den *Gelassenheits-Koeffizienten*. Er ist eine Funktion aus dem Faktor Zeit einerseits und der Fähigkeit andererseits, sich über ein Missgeschick zu trösten, indem man sich die Vorteile, die jeder Nachteil einem ewigen Gesetz zufolge hat, verdeutlicht. ❧

Das klingt kompliziert, ist es aber nicht. Wenn ich wirklich über den Dingen gestanden hätte an jenem 13. Januar, hätte ich mir gesagt, so ein Rohrbruch ist eigentlich eine feine Sache, erstens weil man hinterher damit zur allgemeinen Erheiterung beitragen kann, wenn man solche Mon-Chéri-Geschichten erzählt, und zweitens weil man so endlich wieder einmal Gelegenheit hat, gründlich zu putzen – auch in Ecken, wo man sonst immer so schlecht hinkommt und von wo einem die Wollmäuse immer nur so entgegenstieben, wenn man sie mal zufällig aufstöbert. Aber, sehen Sie, so weit war ich damals noch nicht. Ich bin auch heute noch ein Anfänger in Sachen Gelassenheit. Auf Großvaters Skala habe ich mich jedenfalls immer nur im mittleren Feld bewegt, zu mehr hat's nie gereicht. Wahrscheinlich fehlt mir der Humor. Aber wo soll man ihn auch hernehmen, wenn man nichts zu lachen hat?

An jenem Freitag ist niemand ernsthaft zu Schaden gekommen – und damit tröstete ich mich, denn bei Licht besehen ist das Einzige, was zählt. Am Abend jenes 13. Januar sagte ich mir „Was soll's", weinte ein bisschen, ging ins Spielzimmer und zählte die Häupter meiner Lieben. Paula half mir beim Zählen, denn ich schielte schon ein wenig, was ich im Wesentlichen auf den Prosecco zurückführe. Und auf die vielen Mon Chéris, die vor allem in Verbindung mit einer Überdosis Würstchen mit Kartoffelsalat gut kamen.

„Hauptsache gesund", sagte Paula dann noch leise. „Alles andere ist ja so was von schnurz."

Was der große Tristan Niemöller von der Kunst wusste, sich nicht groß über Kleinkram aufzuregen. Denn im Grunde ist alles Kleinkram – *solange es kein Hochwasser ist …*

„… und schon allein deswegen sollte man sich über nichts, aber auch wirklich gar nichts (mehr) ärgern, vor allem nicht über das, was sich ohnehin nicht ändern lässt. Es ist schade um die Zeit und die Energie, die dabei verloren geht. Aber das ist natürlich alles leichter gesagt als getan", pflegte Tristan Niemöller dann einzuräumen. „Doch, wer wirklich will, kann das richtiggehend einüben.

Jedenfalls hat man so einen wunderbar schlichten und doch sehr wirkungsvollen Satz wie: *Nicht ärgern, nicht ärgern, nur nicht aufregen* weitaus schneller auswendig gelernt als Schillers Glocke. Am besten packt man, wenn man drauf und dran ist, sich furchtbar aufzuregen, ganz gemächlich ein *Bonbon* aus, schiebt es sich in den Mund und lutscht erst mal daran, bevor man sich zu irgendwelchen Aktionen hinreißen lässt."❡

Nicht ärgern, nicht ärgern, nur nicht aufregen!

Er war schon ein Feuerkopf, wie ich selten einen traf, der gute alte Tristan Niemöller, seines Zeichens Dorfschullehrer, Kantor und Alltagsphilosoph zu Christianssiel, und ich hatte das außerordentliche Vergnügen, vier wunderbare Grundschuljahre lang in seine Klasse zu gehen, in der er vierundzwanzig Kinder zwischen sechs und zehn gleichzeitig unterrichtete.❡

Als ich an jenem Januarmorgen in Gummistiefeln durch meine Buchhandlung watete, musste ich wieder einmal an ihn denken und an eine jene Lebensweisheiten, die er uns so ganz nebenher zu vermitteln versuchte: „Im Grunde", pflegte er zu sagen, *„im Grunde ist alles Kleinkram – solange es kein Hochwasser ist.* Und selbst das ist noch keine Katastrophe, wenn dabei niemand ernsthaft zu Schaden kommt."❡

Irgendwann – es muss Mitte der Siebziger gewesen sein – gewann Tristan Niemöller *sechseinhalb Millionen Mark* (!!) im Lotto – allerdings nur theoretisch, denn leider konnte er den Lottoschein nicht mehr finden. Was er zu unser aller Erstaunen nur mit einem *P. P.* (Abkürzung für *persönliches Pech*) und einem Achselzucken quittierte.❡

Tristan Niemöller hat die Kunst, über den Dingen zu stehen und sich nicht über sich selbst und andere zu ärgern, aus dem beherrscht wie das große Einmaleins. „Es nützt nicht allzu viel, Dingen nachzutrauern, die man besser ad acta legen sollen. *„Es ist, wie es ist"*, *„So ist es nun mal"*, oder auch *„Nicht ärgern, nur wundern"* – das, Kinners, sind *die wirklich wichtigen Eselsbrücken* im Leben, die man sich bei Zeiten ebenso hinter die Ohren schreiben sollte wie eine von diesen hochpraktischen Grammatikregeln: *Wer brauchen nicht mit zu gebraucht, braucht brauchen gar nicht erst zu brauchen* oder *Gar nicht wird gar nicht zusammengeschrieben.* Sich *gar nicht* mehr zu ärgern – das ist das ganze Geheimnis! Mehr braucht man eigentlich nicht zu lernen, um mit den größeren und kleineren Widrigkeiten des Alltags klarzukommen."

Das war so die Art, wie Tristan Niemöller seine Alltagsphilosophie mit in den Unterricht einfließen ließ. Merksätze hatte er drauf, die so simpel waren und so banal erschienen, dass ihnen kaum jemand Wirkung zutrauen würde. Und doch helfen – mir jedenfalls – seine in homöopathischen Dosen verabreichten Lebensweisheiten noch heute, wenn mich das Leben wieder mal beutelt, was leider häufiger vorkommt, als mir lieb ist. Vor allem bei Anfällen von Weltschmerz oder Selbstmitleid wirken sie ebenso prompt und zuverlässig wie heiße Milch mit viel Honig bei Schnupfen.

„Was passiert ist, ist passiert", erklärte er, „und alle Manöverkritik hat im Nachhinein nur einen Sinn: dass wir uns (und damit meist auch andere) *ärgern.* Wer Talent hat zum Glück, vergisst alles Vergangene und lässt sich auch von allem, was in Zukunft *vielleicht* einmal geschieht, nicht besonders beeindrucken. Denn das kann man *jetzt* genauso wenig ändern. Verwendet auch das Wörtchen *wenn* (wie in: ‚*Wenn* ich damals nicht etc. etc') nur äußerst sparsam."

Wenn use Katte ne Kou wö, möten wi uppen Balken tum Melken, heißt es zuweilen da, wo ich eigentlich zu Hause bin, in Plattdeutschland nämlich: *Wenn unsere Katze eine Kuh wäre, müssten wir auf den Balken zum Melken.* Die schlichte Beobachtungstatsache, die dahinter steht, ist: Man kann sich durch zu viel Nachsinnen über alles Vergangene oder Zukünftige die Freude am Jetzt verderben.

„Kopfzerbrechen ist ja ganz gut und schön. Und wer Lust hat, soll sich von mir aus den ganzen Tag lang den Kopf zerbrechen", räumte Tristan Niemöller ein. „Aber allzu viel ist eben ungesund. Verlernt sie nie, die Kunst, auf die sich offensichtlich nur Kinder und Künstler verstehen: Sie besteht darin, ganz *selbstvergessen* im Jetzt zu leben, im Heute."

Da ist etwas dran. Kindern und Künstlern ist alles, was länger zurückliegt als die letzte Mahlzeit herzlich schnurz, scheint mir, und sie machen sich auch über alles, was vielleicht einmal in der Zukunft geschieht, nicht mehr Gedanken als unbedingt nötig. Und das ist gut so. Eigentlich sind nur Kinder, Bohémiens und andere mehr oder weniger vergessliche Zeitgenossen die wahren Lebenskünstler. Sie ziehen jeden Tag einen Schlussstrich und *tragen vor allem niemals jemandem länger als vierundzwanzig Stunden etwas nach. Auch wenn sie eigentlich Grund genug dazu hätten.*

Eigentlich sind nur Kinder, Bohémiens und andere mehr oder weniger vergessliche Zeitgenossen die wahren Lebenskünstler.

Wirklich kluge Leute vergeben und vergessen, weil sie die Erfahrung gemacht haben, dass Vergeben und Vergessen außerdem noch mit Glücksgefühlen belohnt wird. Jedenfalls ist es weitaus anstrengender, jemandem etwas nachzutragen – und die Mühe sparen sie sich ganz einfach. Die wirklichen Lebenskünstler tun so, als wäre überhaupt nichts, und gehen ganz einfach zur Tagesordnung über, denn sie finden, es gibt Wichtigeres zu tun, als sich über verschüttete Milch (wie die Briten das nennen) zu ärgern. „Das Leben", fand auch Tristan Niemöller, „ist nämlich *nicht* wie einer von euren Marsriegeln, der angeblich verbrauchte Energie *sofort* zurückbringt. Was will man auch mit verbrauchter Energie? Was weg ist, ist weg. Und über Vergangenem zu brüten, über Fehlern, Verletzungen oder Beleidigungen oder weiß der Teufel was sonst noch, ist pure Zeit- und Energieverschwendung. Es hat mal jemand gesagt: ‚Lebe jeden Tag so, als wäre er dein erster und dein letzter Tag', was für den heutigen Geschmack etwas zu sehr nach Jenseits riecht und nach Weihrauch. Aber bei Licht besehen heißt das nicht mehr als: Vergiss, was nicht (mehr) zu ändern ist. Und zerbrich dir nicht den Kopf über das, was vielleicht morgen sein wird. Um die Zukunft kümmert man sich am besten dann, wenn sie da ist. Weswegen es auch klug ist, alles Planen auf ein Mindestmaß zu beschränken. Am besten ist es wohl, *gar nichts* zu erwarten – dann kann man auch nicht enttäuscht sein, wenn sich die Dinge anders entwickeln, als man sich das so gedacht hat. Denn dazu haben die Dinge bekanntlich ohnehin eine bedauerliche Neigung: Sie kommen gern anders – sie machen sich geradezu einen Sport daraus. Wer den Dingen hingegen mit stoischer Ruhe entgegenblickt – und nicht alles *ver*-plant –, für den hat das Leben stets die angenehmsten Überraschungen parat. Das ist eine im Grunde ganz einfache Kiste. Woraus folgt, dass man sich den *Lebensgenuss auch mit allzu viel ‚Positivem Denken' verscherzen kann.* Denn was tut man, wenn sich die Dinge denn doch ganz anders entwickeln als erhofft? Mit der Zukunft ist es wie mit Kindern – aus denen wird auch immer etwas ganz anderes, als man sich das eigentlich wünscht. Aber was soll's: *Hauptsache gesund! Alles andere ist ziemlich egal.*"❡

Damals haben wir natürlich nicht so genau verstanden, was Tristan Niemöller damit meinte – ich komme erst jetzt peu à peu darauf, wenn ich mich wieder mal mit dem auseinander zu setzen habe, was unser Christian ausgefressen hat. Denn einzig darin – sowie im Bohren äußerst dünner Bretter – ist er sehr begabt. Natürlich habe ich mir dieses Kind auch mal ganz anders gedacht, damals. Aber es ist wohl wirklich klug, sich kein Bild zu machen, dann erspart man sich später eine Menge Kopfschmerzen. Und das, was ein Tante von mir, die es liebte, sich aufzuregen, als *Herzeleid* bezeichnete: Sie machte aus jeder Mücke einen Elefanten, den sie in einem Drama in fünf Akten und neunundachtzig Aufzügen auf ihrer häuslichen Bühne unerbittlich vorführte, bis schließlich sämtliche Akteure das Weite suchten – mit Ausnahme des Elefanten, den sie zum Schluss immer am Hals hatte.❡

Stoische Ruhe – das ist es wohl. Als Tristan Niemöller damals im Lotto gewann, aber den Schein nicht mehr fand, weil der offensichtlich samt Hose in der chemischen Reinigung gelandet war, sagte er nur „*Wer weiß, wozu es gut ist.* Tatsächlich zu gewinnen ist bei weitem nicht so spannend wie der Gedanke, dass man möglicherweise gewinnen *könnte.*" Das fanden wir natürlich ein wenig verwirrend, aber schließlich waren wir es gewöhnt, dass unser Herr Kantor zuweilen Dinge sagte, die etwas paradox erschienen. Wir haben oftmals erst viel, viel später verstanden, was er überhaupt meinte. Das ist wohl so mit guten Pädagogen: Was sie sagen, wirkt zuweilen erst mit zeitlicher Verzögerung. In so manche Wahrheit muss man erst hineinwachsen – wie in die Schuhe, die wir bekamen und die stets eine Nummer größer waren, als wir sie eigentlich brauchten.

Wir konnten uns jedenfalls ziemlich gut vorstellen, was wir alles machen würden, wenn wir auch nur ein Hundertstel dieses Geldes, das Tristan da gewonnen hatte, zur Verfügung gehabt hätten. Wir boten unserem Lehrer an, ihm beim Suchen zu helfen, doch Tristan Niemöller winkte nur ab, strich seinem greisen Dackel zärtlich übers Haupt und ging daraufhin wieder zur Tagesordnung über. Ich erinnere mich noch ganz genau, dass er uns damals in die Geheimnisse des Dreisatzes einweihte, *seines* Dreisatzes, unter dem er etwas anderes verstand als im Lehrplan vorgesehen.

Unser Herr Kantor hatte ohnehin eine ziemlich eigenwillige, höchst unorthodoxe Art, Lehrpläne auszulegen, was ihn in die eine oder andere Bredouille brachte – aber darauf pfiff er ganz einfach. Ausgetretene Pfade zu verlassen und sich auf die Abwege seines Eigensinns zu begeben sei ohnehin eine Kunst, die zu erlernen sich stets lohne. Außerdem mache sie das Leben so viel spannender. „Eigensinn tut Not", behauptete er, „so wie Schifffahrt. Ein bisschen Dickköpfigkeit macht nicht nur Spaß, Dickköpfigkeit ist außerdem das, was kreative Menschen auszeichnet."

Von *Kreativität* hatten wir damals, als sieben- oder achtjährige Knirpse natürlich nicht den blassesten Schimmer. Wir konnten das Wort nicht mal aussprechen, geschweige denn schreiben, aber die wunderbare Geschichte von Prometheus und wie er den Göttern trotzte, verstanden wir. („Göttern sollte man nämlich immer trotzen", erklärte Tristan Niemöller. „Grundsätzlich. Vor allem dann, wenn sie in Nadelstreifen- oder anderen Tarnanzügen auftreten.") Prometheus erfand also das Feuer, ohne das die

Göttern sollte man nämlich immer trotzen.

Menschheit ganz schön aufgeschmissen gewesen wäre. Wir dachten an die wunderbaren Torffeuer bei uns daheim und zitterten ein wenig, denn Tristan Niemöller hatte eine geradezu unnachahmliche Art, zum Wetter passende Geschichten zu erzählen: Von Prometheus' genialer Idee erzählte er uns zum Beispiel an einem schrecklich kalten, stürmischen Samstagmorgen, als die Heizung wieder einmal ausgefallen war. Auch von Herkules und der Sache mit den Augiasställen, die er auszumisten hatte, erfuhren wir bei passender Gelegenheit. Solche Geschichten wussten wir stets zu würdigen, denn wir lebten auf dem Land und verstanden uns auf Sau- und andere Ställe, zumal wir jeden Abend unsere Zimmer aufräumen mussten.

Offiziell gehörten natürlich schon damals weder die Ilias und die Odyssee noch die Fabeln eines Äsop oder La Fontaine mehr zum Lehrplan. Irgendwann in den sechziger Jahren hat man sie fast vollständig daraus gestrichen, denn Fabeln vermitteln die Erkenntnis, dass sich kleine Leute wie wir stets am unteren Ende jener Nahrungskette befinden, in der sich die Mächtigen den „Löwenanteil" sichern.

Und wer in Ruhe über etwas nachdenkt, findet immer eine Lösung.

Und das wollen die Leute, die auf diesem Globus das Sagen haben, natürlich nicht so deutlich heraushängen lassen. Zumal jeder, denn auch das lehren Fabeln, etwas dagegen unternehmen kann. Der Fuchs hat schon immer über den Dingen gestanden, weil er nämlich ein Fuchs ist. Und wer in Ruhe über etwas nachdenkt, findet immer eine Lösung.

Tristan Niemöller wurde übrigens mehrfach aufgefordert, seine subversiven Erläuterungen zu Märchen und Fabeln, Sprichwörtern und anderen Volksweisheiten einzustellen. Doch das war ihm völlig egal. *Er fand, es sei Bür-*

gerpflicht, notfalls auch auf alle Obrigkeit zu pfeifen, wenn ganz offensichtlich wieder einmal eine Hand die andere wäscht. Und da diejenigen, die uns regieren, vorzugsweise damit befasst sind, sich selber Vorteile zu verschaffen – von ein paar löblichen Ausnahmen vielleicht abgesehen –, ist Zivilcourage angesagt. Und notfalls Widerstand. Deswegen deutete Tristan Niemöller seine Lehrpläne auch, wie er gerade lustig war, und lustig war unser alter Lehrer meistens.❡

Wenn er mit dem rotblonden Haarkranz, der ihm von seiner feuerroten Wikingermähne noch verblieben war, vor der Klasse stand und Zweifel säte an den Segnungen der Wegwerfgesellschaft, dann schien er einem Erzengel zu ähneln, vor allem dann, wenn die Morgensonne seinen Schädel erleuchtete. Und da alle Dorfschulen, die der Kaiser seinerzeit hatte bauen lassen, mit ihren großen, lichten Fenstern nach Osten gingen oder nach Südosten, hatte Tristan Niemöller diesen Beleuchtungseffekt häufig auf seiner Seite. Ja es konnte sogar geschehen, dass er etwas besonders Inspiriertes sagte – und plötzlich brach die Sonne aus einem verhangenen, bleigrauen Himmel hervor und bestätigte seine Worte, was stets mächtig Eindruck auf uns machte.❡

Wen wundert's, dass wir Tristan Niemöller verehrten wie einen Heiligen. Er blieb, was auch immer geschah, gelassen und selbst ein Feueralarm konnte ihn nicht aus der Ruhe bringen. *„Solange es kein Hochwasser ist und solange weder Ritter, Tod noch Teufel hinter euch her sind"*, pflegte er zu sagen, *„solange, Kinners, ist alles in Butter"* – eine Regel, die übrigens Teil des Niemöller'schen Dreisatzes ist. Dieser Dreisatz besteht aus einfachen, selbst für Sechsjährige unmittelbar verständlichen Merksätzen, die mir zuweilen

41

noch heute wie Leuchtbojen im Meer der Möglichkeiten erscheinen. *„Etwas fehlt immer"* – das ist übrigens der zweite Merksatz, den Niemöller einst bei Erich Kästner las. *„Etwas fehlt immer"* – das ist ein so genialer, so ungemein tröstlicher Satz, der einen (bei sachgemäßer Anwendung) im Handumdrehen allen Kummer vergessen lässt. Ich souffliere ihn mir stets *halblaut* – das ist der Trick daran – , wenn ich wieder mal nicht mehr weiterweiß oder mit dem Schicksal hadere.

Sich selbst gut zuzureden wie einem kranken Pferd ist ohnehin einer von diesen fabelhaften Kunstgriffen, die die schlimmsten Stressschäden begrenzen helfen. Man wirkt zwar leicht ein wenig senil, wenn man Selbstgespräche zu führen beginnt, aber darauf pfeife ich. Seit ich mir laut vorsage, so, als wollte ich den Satz auswendig lernen: „Das Bügeleisen ist ausgestöpselt, das Bügeleisen ist ausgestöpselt", *während* ich das Bügeleisen ausstöpsle, habe ich keine Probleme mehr mit dem Gedanken, unser Haus könne vielleicht abbrennen. Früher, als ich noch nicht so schlau war, begann stets der Zweifel an mir zu nagen. Vor allem dann, wenn wir nach Italien fuhren, war ich spätestens auf der Höhe vom Bodensee davon überzeugt, dass ich vergessen hatte, es auszustellen. Aber inzwischen weiß ich, dass halblaute Mantras wie: „Das Bügeleisen ist aus" oder „Ich bin ganz ruhig" oder „Wir regen uns heute über gar nichts auf" wirklich nützlich sind. Auch kurze, prägnante Merksätze, in denen Wortverbindungen mit Buckel runterrutschen oder in extremen Fällen auch Hobel blasen vorkommen, haben sich als äußerst stressmindernd erwiesen. Ein bisschen Selbsthypnose und *alles ist nur halb so schlimm.* Vor allem, wenn man sich überdies noch vorzustellen vermag, dass das Ganze *eigentlich zum Lachen* ist. Und dass sich darüber eine fabelhafte Anekdote erzählen lässt. Mir hilft diese Vorstellung, dieser kurze gedankliche Sprung in die Zukunft, jedenfalls immer. „Man hat gewonnen, sobald man das Grinsen kriegt", fand auch Tristan Niemöller. ❡

Die Sagen des Klassischen Altertums waren übrigens eines seiner Spezialgebiete, aber auch über die Kelten und die Etrusker, die Hethiter und die Assyrer wusste er so einiges zu berichten und über Tristan, Isolde (und Konsorten) natürlich auch. Jeden Morgen erzählte er uns eine neue, andere Geschichte und so manch eine davon rezitierte er uns zunächst im griechischen Original. Wir fanden das alles faszinierend. ❡

Man hat gewonnen, sobald man das Grinsen kriegt.

Nur Homer, Niemöllers lieber alter Rauhaardackel, döste unter der Heizung oder hinterm Kanonenofen vor sich hin. Er kannte diese Geschichten wohl alle schon. Eigentlich hatten Hunde zu Klassenräumen keinen Zutritt, aber Tristan Niemöller war das herzlich *schnurz*. Er nahm Homer überallhin mit, selbst noch in die Kirche, wenn er sonntags Orgel spielte. Unserm Pfarrer Ole Hansen, Niemöllers bestem Freund, war das nur recht – denn Tiere haben eine Seele, meist sogar mehr als der eine oder andere Zeitgenosse. Ole Hansen, der mindestens ebenso eigenwillig war wie Tristan und Homer, hatte selbst eine höchst liebenswerte, pfeffer- und salzfarbene Promenadenmischung aus Dackel, Schnauzer, Terrier und noch etwas, das leicht in Richtung Schuhbürste ging. Darüber weiß aber niemand Genaues. Hansens Schnauzterrierdackel hörte auf den schönen Namen Schnurz (auch hier wird Niemöllers Einfluss deutlich) und er war Homers bester Freund. Sie waren zwar nicht groß, die beiden, aber man konnte so einiges von ihnen lernen, vor allem weil Hunde

ebenso selbstvergessen wie Kinder und besagte Lebenskünstler weder über gestern nachdenken noch über das,
was die Zukunft vielleicht bringen mag.❡

Irgendwie hatten Schnurz und Homer, auch wenn sie
immer etwas verschlafen wirkten, von da unten den perfek-
ten Überblick. Auch wussten sie sofort, wer ihnen nicht
wohlgesonnen und mit wem nicht gut Kirschen essen war.
Auch Apothekers Rollo, bei der es sich trotz des Namens
um eine Hundedame mit dunkler Vergangenheit und
höchst zweifelhaftem Stammbaum handelte, hatte diese
Gabe, weswegen sie auch zum Freundeskreis von Schnurz
und Homer gehörte. Sie hieß Rollo, da sie leicht über-
gewichtig war und ihre Gestalt ein wenig in Richtung
Kugel ging. Zu allem Unglück stammte sie auch noch von
mindestens einem Mops ab, weswegen sie eher einem
Rollmops denn einem Hund ähnelte. Scotchterrier werden
wohl auch unter ihren Vorfahren gewesen sein. Daher hatte sie überdies etwas leicht Moppartiges, vor allem, wenn
sie kleinen Nagern hinterherfegte. Rollo hatte diese Figur-
probleme, weil der alte Hinrich Mecksever in seinem
Hinterstübchen gern einmal ein Glas Rotbäckchen trank,
dem er etwas Ginseng, eine Spur Aloe vera und je nach
Seelenlage auch einen ordentlichen Schuss Wacholder
beigab. Diese äußerst wohlschmeckende Mischung, die
vor allem bei Haarwurzelkatarrh prompt
wirkte, mochte auch Rollo sehr gern und
deswegen hätte sie so einiges Lebend-
gewicht auf die Waage gebracht, hätte sie
sich denn jemals gewogen. Das lehnte sie
aber ab. Es lebt sich viel besser, fand auch
Hinrich Mecksever, wenn man sich *nicht des Morgens schon
schlechte Laune macht*, indem man auf die Waage steigt und

*Es lebt sich viel besser,
wenn man sich nicht
des Morgens schon
schlechte Laune macht.*

mit dem Schicksal hadert. Weswegen er den übergewichtigen Damen, die in seine Apotheke kamen, auch stets riet, die Badezimmerwaage zu verschrotten und sich den Stress schon mal zu ersparen. Zu essen, was einem schmeckt, ist nicht nur weise, es ist ein Teil vom Glück – und überhaupt, wie soll man über den Dingen stehen, wenn man ständig auf Diät ist? „Wer gut denken will und gut lieben, muss auch gut essen, sagt Virginia Woolf und damit trifft die Dame den Sachverhalt ziemlich genau", fand Hinrich. „Was nützt ein schmaler Hintern, wenn man dafür ganz verkniffen aus der Wäsche kuckt? Und Nerven hat wie eine *Boa constrictor?*"❡

(Meine Großmutter Sophie-Louise hat mir später erzählt, dass ich den alten Hinrich als Vier- oder Fünfjährige fragte, was eine Boa constructa ist, weil ich nur die Waschmaschine kannte. Seither hat noch heute in der Apotheke „Zum Posaunenengel" in Christianssiel jeder Kunde, der wegen nichts und wieder nichts ein Theater macht, den geheimen Decknamen *Boa constructa*: Ich schätze mal, dass es allüberall auf dieser Welt solche Bezeichnungen für den Gott sei Dank seltenen Menschenschlag vom Typus Stachelschwein gibt, der anderen gern das Leben schwer macht. Doch darüber später mehr.)❡

Natürlich waren Herrn Mecksevers Reflexionen zum Thema Essen nicht besonders geschäftstüchtig, denn damals kamen gerade die ersten Vanillepülverchen auf, die die Pfunde angeblich nur so purzeln lassen. Mecksever testete sie an Rollo aus, die daraufhin zu Trübsinn zu neigen begann und aufhörte, ihrer Lieblingsbeschäftigung (Eichhörnchen jagen) nachzugehen. Das war für Mecksever Beweis genug. Kalorienzählen macht krank, befand er und heute weiß man: Er hat Recht. Hinrichs Ehrlichkeit zahlte sich auf die Länge gesehen aber aus (weil sich Ehrlichkeit bekanntlich immer auszahlt) und die dankbaren, glücklichen Kundinnen trafen sich im „Posaunenengel" allmorgendlich auf einen Schnack und ein Gläschen von Mecksevers sagenhaftem *Drahtseilcocktail*. Auch Rollo genas sehr bald und brachte kurze Zeit später wieder sämtliche kleinen Nager auf die Palme. Aber auch hohe Tiere konnte sie ganz schön nerven. Einmal schlugen Rollo, Schnurz und Homer in konzertierter Aktion einen besonders unangenehmen Oberschulrat in die Flucht, der sich gegen die Anwesenheit von Tieren in der Schule ausgesprochen hatte. Dieser Mensch, ein gewisser Dr. Widerborst (Name geändert) ward, sehr zur Erheiterung der Christianssieler Bevölkerung, bei uns nie mehr gesehen. An Tristan hat sich ohnehin so mancher Schulrat die Zähne ausgebissen – Niemöllers Verschleiß war so hoch, dass man ihm schließlich gar keine Schulräte mehr schickte, denn diese Doktoren waren nach einem Besuch in Christianssiel stets reif für die Insel. Und das war den Kultusfritzen auf die Dauer denn doch zu teuer. ¶

Tristan Niemöller behielt stets den Überblick, was auch immer passierte. Schon weil er sich auf die Kunst verstand, immer dann, wenn's schwierig wurde eines seiner berühmten Hustenbonbons auszupacken – und zuweilen auch seinen Kontrahenten ein Villosa zu überreichen, was stets die erfreulichsten Wirkungen zeitigte. ¶

„Wenn ihr dieses hohle, flattrige Gefühl im Bauch bekommen solltet und ihr merkt, dass ihr dabei seid, den Überblick zu verlieren, was sich meist durch geballte Fäuste und ein Zittern in den Muskeln anzukündigen pflegt, dann", riet er uns, „sagt man am besten eine ganze Weile *gar nichts*, was besonders wichtig ist, wenn euch wieder einmal irgendeine Boa constricta das Leben schwer macht. Lasst euch nie provozieren. Erst mal zu dem zu schweigen, was uns da jemand zumutet, hat den unschätzbaren Vorteil, dass man schon mal nichts *Dummes* sagen kann. Oder etwas, das einem später Leid tut, denn dabei geht in der Regel noch mehr zu Bruch, als unbedingt nötig ist. Am besten hüllt man sich in Schweigen, lächelt ein undurch-dringliches, überlegen wirkendes *Mona-Lisa-Lächeln* – für das allerdings so einiges an Übung nötig ist – und wartet ganz einfach ab, bis man wieder klar kucken kann. Nur nichts überstürzen! Immer schön mit der Ruhe. Immer eins nach dem anderen – und immer erst das Wichtigste zuerst. Das klingt banal: aber wer handelt schon danach? Jeder weiß auch – zumindest theoretisch, dass es höchst unfair ist, jemanden, der anderer Meinung ist als wir, *persönlich* anzugreifen. Und doch lässt man sich nur allzu schnell dazu hinreißen, weil man zu unrecht davon ausgeht, dass man seinem Ärger Luft machen muss, will man nicht platzen. Wenn man sich jedoch daran erinnert, dass es um *die Sache geht, und nicht um Senti-ments*, hat man das Kind im Handumdrehen in trockenen Tüchern ... *Die Hauptsache ist nämlich, dass die Hauptsache die Hauptsache bleibt.*"❡

Die Hauptsache ist nämlich, dass die Hauptsache die Hauptsache bleibt.

Entsprechend verfährt man am besten auch mit anderen Problemen: Wichtig ist, dass man gleich Alarm schlägt, so nur ein bisschen Nebel die Sicht behindert. Die meisten unserer Zeitgenossen reagieren auf den täglichen Kram so, als sei gerade ein Feuer ausgebrochen, das rasch um sich greift. Dabei sind die *echten Notfälle wirklich selten* – so ein bisschen Nebel kann doch einen Seemann nicht erschüt-tern. Sobald die Sicht unklar wird, geht man am besten irgendwo vor Anker oder aber man manövriert, wenn es sich denn gar nicht vermeiden lässt, möglichst vorsichtig, trinkt inzwischen Tee, lutscht ein paar Bonbons, kuckt, falls nicht alle Sicht weg ist, ein bisschen in die Sterne, wartet in aller Seelenruhe auf anderes Wetter und denkt nach. Und zwar nicht über die eigenen Befindlichkeiten, sondern über die Sache selbst. Sich über Dinge aufzuregen, die sich nicht ändern lassen, ist in etwa so sinnvoll, wie sich über Schietwetter zu ärgern. Schietwetter gibt wenigstens einen fabelhaften Vorwand ab, um eine Atem-, Denk-, Kaffee-, Tee- oder auch sonst irgendwie geartete Pause einzulegen." ❡

Vom Wetter und von der Kunst, Pausen einzulegen, müssen Sie wissen, versteht man an der Waterkant so einiges. Wir haben nämlich jede Menge Wetter an der Waterkant und das ist wahrscheinlich einer der Gründe dafür, weswegen hier die berühmte *ostfriesische Mischung* erfunden wurde. Außerdem scheint man hierzulande, wo uns die Nordsee-Mordsee jederzeit alles zu nehmen imstande ist, eine deutlich andere Einstellung zum Schicksal und zu den anderen Fährnissen dieser Existenz zu haben. Man begegnet hier den Dingen, wenn mich nicht alles täuscht, mit etwas mehr Gelassenheit als anderswo und ist auch nie abgeneigt, sich hin und wieder – im Rahmen äußerst spontaner Gelage – einen Schluck (alias Schnaps) zu gönnen. Denn man weiß nie, wie lange das noch gut geht. Mit dem Glücklichsein sollte man nicht allzu lange warten – man kennt doch diesen Spruch: Verschiebe nichts auf morgen, was du heute kannst besorgen. ❡

Nun, kluge Leute wissen: Es ist seliger, *heute* glücklich zu sein denn irgendwann „später einmal", wenn man „in Rente geht". Denn möglicherweise geht man ja nie in Rente – im Grunde ist es nämlich vermessen, davon auszugehen, dass man ja noch jede Menge Zeit hat. Wann also glücklich sein, wenn nicht *jetzt*? Was zählt eigentlich, außer diesem Moment, wirklich? Ist es wirklich so wichtig, zu irgendwelchen Geschäftsterminen zu hechten, statt mit einem Menschen, der vielleicht nicht mehr lange lebt, einen langen Strandspaziergang zu machen? Verschiebe nichts auf morgen, heißt es und früher einmal, als Beruf und Berufung oft noch eins waren, passte dieses alte Sprichwort auch in Bezug auf unsere Arbeit. Doch das hat sich heute alles ziemlich gründlich geändert. Kluge Leute, die sich aufs Glücklichsein verstehen, verschieben deswegen die großen und kleinen Probleme des Alltags getrost auf einen anderen, passenderen Moment. Denn sie wissen: *Es macht einen fast wahnsinnig, wenn man alles jetzt gleich und sofort und noch in dieser Minute erledigen will.* Die Leute, die wirklich über den Dingen stehen, gehen davon aus, dass mit an Sicherheit grenzender Wahrscheinlichkeit morgen auch noch ein Tag ist. *Sie verstehen sich auf die Kunst Prioritäten zu setzen und sich vom Alltagskram nicht vereinnahmen zu lassen.* So schreiben sie zum Beispiel Listen, mit denen sie alle Briefe, alle Telefonate und was sonst noch so zu tun ist, hintereinanderweg erledigen können, denn mit ein bisschen Routine lassen sich viele Dinge schneller ad acta legen. Alte Hasen, die die Tricks kennen, arbeiten nach der FTF-Methode – („*First Things First*"), das heißt, sie tun zuerst, was wirklich wichtig ist, wobei sie alles, was nicht vordringlich ist, erst einmal auf Eis legen. ¶

Seltsamerweise haben diese Multitalente stets Zeit für sich selbst, für andere und für Unvorhergesehenes. Denn sie lassen in ihren Terminplanern immer ein wenig Luft,

> *Es macht einen fast wahnsinnig, wenn man alles jetzt gleich und sofort und noch in dieser Minute erledigen will.*

49

Luft zum Atmen, zum *Aufatmen* vor allem, zum Spazierengehen, zum Blumenkaufen, zum Glücklichsein.⁊

Sie wissen, es ist weise, die vielen kleinen Gelegenheiten nicht zu versäumen, die in der Lage sind, uns (und den Menschen um uns herum) für einen Moment alle Sorgen vergessen zu lassen. Vielleicht gibt es das „Große Glück" ja gar nicht. Vielleicht ist das „Große Glück" nur die Summe von vielen tausend kleinen Glücksmomenten – das jedenfalls nehmen die „Glücksforscher" an, die seit kurzem dem Phänomen wissenschaftlich zu Leibe rücken, als wäre das Glück etwas, was man auf Nadeln spießen und im Mikroskop betrachten könne. Das hätten meine Großeltern und der gute alte Tristan Niemöller ihnen schon längst erzählen können.⁊

Vielleicht ist wirklich, wie der Weise sagte, jeder Tag ein verlorener Tag, an dem wir niemanden zum Lächeln gebracht haben. Vielleicht ist das Glück ja der Erbseneintopf mit Speck oder die Sonne, die durch die Wolken bricht und alles Graue in uns plötzlich wegzaubert, wie meine Großmutter das sah. Wer weiß? Vielleicht sind die roten Backen eines Achtjährigen, der an einem Vogelhäuschen bastelt, das Glück? Vielleicht ist es der schöne, alte Kupferpfennig, den ich gestern im Schlick fand, oder auch der Hunderter, der noch in der Tasche eines alten Wintermantels steckte? Vielleicht ist es schon Glück, ein paar neue, quittengelbe Gardinen aufzuhängen oder in ein frisch bezogenes Bett zu kriechen, das noch ein wenig nach Wind riecht und nach Sonne. Für mich, die ich ein Problem mit kalten Füßen habe, von denen später noch die Rede sein wird, für mich ist schon eine Wärmflasche ein Stück vom Glück, auch ein Paar Filzpantoffeln und ein schönes langes Nachthemd aus Flanell zählen dazu, auch wenn diese Teile kaum zu dem gehören dürften, was *mein Mann* als Glück definiert. Wahrscheinlich bin ich in meiner Polarausstattung in etwa so sexy wie die Queen, wenn sie einen dieser unsäglichen Potthüte aufhat und so ein Handtäschchen am Arm. Ist also alles sehr relativ. ❡

Für Peter sind kross gebratene Kartoffelpfannkuchen mit Apfelmus Glück pur. Und angeln – weswegen er stets sein Schweizer Offiziersmesser auf dem Schreibtisch liegen hat, das ihn an seine Expeditionen in Wald und Flur erinnert. Ihn freut schon die *Aussicht* auf einen dieser Ausflüge, die er mit seinem besten Freund Brian O'Neill unternimmt, denn die beiden haben ein ganz besonderes Talent fürs Glücklichsein. „Glück", sagt Brian, „ist immer nur ein Moment. Jener berühmte Augenblick, zu dem man sagen möchte ‚Verweile doch …', den der Porschefahrer aber versäumt, weil er nämlich immer ganz dringend irgendwohin muss. Oder weil er gerade dabei ist, sich über den schlechten Zimmerservice zu beklagen." ❡

Für mich sind Kinder, die des Abends schlafend (Gott sei Dank also *untätig*) in ihren Betten liegen, Glück und für Paula ist es ein Stall voll zufriedener Pferde, die ein wenig der Hafer sticht. Für Juliette ist schon die zeitweilige Abwesenheit von Schmerzen Grund zur Freude, denn sie leidet unter chronischem Kopfschmerz. Wenn man mit so etwas geschlagen ist, ist einem ohnehin

> *Für mich sind Kinder, die des Abends schlafend in ihren Betten liegen, Glück.*

alles andere herzlich piepe. Dann wünscht man sich nur eines – dass man endlich wieder geradeaus sehen kann. Wer krank ist, dem erscheint alles, was andere so als Stress bezeichnen, als furchtbar banal, das ist ein ewiges Gesetz. ❡

Juliette ist übrigens Bretonin. Auch Paula Nordqvist ist in ihrer schwedischen Heimat an der See aufgewachsen und manchmal scheint mir, dass man in vorwiegend Tee trinkenden, meerumspülten Ländern so einiges mehr denn anderswo von der Kunst versteht, die kleinen Freuden des Lebens ganz bewusst zu genießen.❡

An der Waterkant gilt selbst ein *Pharisäer* als etwas ganz Hohes, denn er wärmt Leib und Seele aufs angenehmste, wenn jene dicken Nebelsuppen, die hier ganz gern über Land und Meer wabern, alle Laute in eine dicke, weiche Watteschicht einwickeln.❡

Dann lässt, wer klug ist, auch das Hirn ein bisschen driften, was meist die schönsten Früchte bringt. Möglicherweise sind die Ostfriesen (ebenso wie alle anderen zur See fahrenden Völkchen) ja deswegen so erfinderisch, weil sie sich auf die Kunst verstehen, Pausen einzulegen. Und sich dabei von dem wegzudenken, was gerade unser Hirn umnebelt (sprich: die Denke blockiert). In diesem „Wegdenken-Können" liegt nämlich der Schlüssel für alle kreativen Lösungen *und* für alle Stressbewältigung.❡

Wenn das kein Zufall ist! Man schlägt also, dieser Schluss liegt nahe, mindestens zwei Fliegen mit einer Klappe, so man immer dann, wenn es schwierig wird, erst mal Tee trinkt oder eine andere – der Größe des Problems angemessene Pause einlegt.❡

Ich habe als Sofortmaßnahme gegen den schlimmsten Stress stets ein paar Dillheringe von Ikea im Kühlschrank meiner Buchhandlung stehen. Die helfen immer. Notfalls geht aber auch ein Rollmops. Zwei bis drei Gläser pro Woche davon brauchen wir mindestens, die ich aber leider steuerlich nicht geltend machen kann – meine Buchhalterin wirft die Belege dafür immer raus. Seit kurzem bin ich schlauer und kaufe die Möpse sowie diverse andere *Stress mindernde* Viktualien nur noch in unserem kleinen Edeka-

Laden gegenüber, wo ich dann einen Beleg für *Putzmittel* bekomme. (Eigentlich ist das ja auch nicht gelogen – denn wir *verputzen* die Sachen ja.) In diesem wunderbar abenteuerlichen Laden gibt es auch so einen interessanten Walnuss-Likör, der zwar eine etwas seltsame grünliche Färbung aufweist, weil man zu seiner Herstellung die noch grünen Nüsse verwendet, aber er schmeckt ganz fabelhaft und er ist vor allem bei Kunden, die ein wenig Ansprache brauchen, sehr beliebt. Ich habe diesen Likör, um ihn vor männlichem Zugriff zu schützen, in eine Medizinflasche umgefüllt und mit einem neuen Etikett versehen, auf dem *Nilschlamm* steht. Meine Großmutter hat es mit ihren „Aufgesetzten" übrigens ähnlich gehalten: Sie bewahrte sie in ihrem Medizinschränkchen auf und schrieb höchst phantasievolle, ein wenig nach Abführmittel klingende Namen darauf, wie „Darmex" oder „Laxaloo". Davor hatte jeder Respekt – aber *Nilschlamm* ist in meinem Fall immer noch besser. (Wer weiß auf was für Ideen eine Flasche „Darmwohl" unseren höchst kreativen Sohn nicht alles bringt!) Christian weiß, dass ich mir zuweilen die seltsamsten Masken ins Gesicht schmiere, um mir die Sorgenfalten daraus wegzubügeln (an denen er einen nicht unwesentlichen Anteil hat), und deswegen hat der Knabe bisher wohl auch noch nicht herausbekommen, was wirklich in der Flasche ist – zumindest glaube ich das. Zuweilen schmiere ich mir einen Brei aus Avocado oder Quark mit ein bisschen Olivenöl ins Gesicht, das beruhigt wunderbar. Die *wirksamste Erste Hilfe gegen Stress* ist aber immer noch ein verblüffend einfacher, uralter Trick, den mich meine Großmutter schon gelehrt hat – *man lege sich ein möglichst heißes (Hand-)Tuch*

Die wirksamste Erste Hilfe gegen Stress: man lege sich ein möglichst heißes (Hand-) Tuch ein paar Minuten lang aufs Gesicht.

ein paar Minuten lang aufs Gesicht, was sich notfalls auch noch irgendwo am Arbeitsplatz bewerkstelligen lässt. Die Wirkung ist unglaublich.❡

Denn das Flucht- oder Kampfhormon Adrenalin, das in Stresssituationen freigesetzt wird, sorgt unter anderem dafür, dass wir Schweiß produzieren, der den Körper kühlen soll. Das ist der berühmte „Angstschweiß", der uns gleichzeitig – wie Fieber auch – ein Gefühl der Kälte vermittelt. Weswegen, wer klug ist, *die gute alte Maggi-Regel* (*„Etwas Warmes braucht der Mensch"*) beherzigt: ein Heißgetränk, notfalls auch nur *ein Glas heißes Wasser* oder eben das besagte *heiße Handtuch im Gesicht* – all das wirkt schneller als alles andere. Garantiert. Auch ein Schnaps hilft, wie Busch einst sehr richtig beobachtete („… denn wer Sorgen hat, hat auch Likör"): Das Wärmegefühl, das damit verbunden ist, bringt sofort Erleichterung – wenn auch nur vorübergehend, denn gleich danach verengen sich die Arterien wieder und man landet knallhart auf dem Boden der Tatsachen. Diese Zusammenhänge hat man erst unlängst auf dem St. Bernardin herausbekommen, weswegen man dort die lieben Bernhardiner nicht mehr mit Schnapsfässchen losschickt, um nach Lawinenopfern zu fahnden, sondern mit kaffee- oder schokoladegefüllten Thermosflaschen. Das wirkt offensichtlich nachhaltiger. Und doch, wenn's so knüppeldick kommt, werden wir uns wohl weiterhin ein Gläschen Prosecco genehmigen, der den Blutdruck wieder auf Trab bringt, oder ein Stamperl des oben genannten Nusslikörs: damit ist gleich alles halb so „schlamm", wie Paula unlängst bemerkte.❡

Mit Schnaps soll sich auch die Queen Mum immer dann ein wenig aufgewärmt haben, wenn ihr im Balmoral zu kalt wurde. Die Königinmutter musste nämlich in genauso einem Eiskasten leben wie ich. Da es aber in England als unanständig gilt, vor Oktober zu heizen, blieb den Inselbewohnern nichts anderes übrig, als den einen oder anderen Schnaps zu brennen. Man sieht also, wie kreative Köpfe einen Nachteil stets zu ihrem Vorteil zu nutzen verstehen. Man darf sich bloß nicht ins Bockshorn jagen lassen. So haben vielleicht die Schotten, weil ihnen immer unter ihren Röckchen kalt wurde, den Whisky erfunden, wer weiß? Die Queen Mum hat jedenfalls, wie man hört, geradezu unvernünftige Mengen davon weggepichelt, und zwar täglich. „Immer besoffen ist auch ein regelmäßiges Leben," soll sie einmal gesagt haben, als man sie deswegen kritisierte. Sie war überhaupt sehr schlagfertig, die alte Dame. Deswegen bedachten ihre Untertanen sie auch zärtlich mit Spitznamen, die sich in etwa mit „Wacholdersüffel" übersetzen lassen. Immerhin wurde die königliche Schnapsdrossel über hundert Jahre alt. So ungesund kann ein Gläschen hin und wieder also doch nicht sein. Man muss ja nicht gleich nach dem Frühstück damit anfangen. ❧

Vielleicht liegt die für Insel- und Küstenbewohner offensichtlich eher gelassene, heitere Art aber auch daran, dass man weiß: *Nichts ist für immer. Nothing lasts forever.* Und die Driete (wie man allüberall in Plattdeutschland die großen und kleinen Widrigkeiten des Alltags nennt) – *auch die Driete geht irgendwann genauso vorbei wie der dickste Nebel. Das ist ein Naturgesetz. Man muss bloß abwarten können.* Und den Dingen Zeit lassen. ❧

Als Tristan Niemöller uns Schritt für Schritt das damals noch so genannte *Bürgerliche Rechnen* beibrachte, erklärte er uns, dass sich schätzungsweise achtzig Prozent aller Probleme, die uns tagtäglich zu schaffen machen, mit der Zeit auch ohne unser Zutun irgendwie lösen, und zwar auf oftmals überraschende Weise, bei der sich plötzlich alles unüberwindbar Scheinende in Wohlgefallen auflöst. Jedenfalls sollte man nichts übers Knie brechen. Auch lässt sich der Vorgang nicht beschleunigen, indem wir uns darüber ärgern.

Dass wir Ärger *haben*, betonte Tristan, ist auf die Dauer wohl nicht zu vermeiden. Er neigte selbst – kein Wunder bei dem Namen – ein wenig zur Melancholie und das, fand er, sei ab und zu auch mal ganz schön. „So ein bisschen Herbst in der Seele haben und sich mit einer Kanne Tee und einem Band Rilke (*Wer jetzt allein ist, wird es lange bleiben*) in einen Sessel verziehen, das ist einfach wunderbar und mit aller „Positiven Denke" bringt man sich leicht um das *Vergnügen, hin und wieder ein bisschen traurig zu sein.*" Aber sich selbst (und damit meist auch andere) *ohne Not* zu ärgern – das gehe zu weit, betonte er. Da höre alle Gemütlichkeit auf. Das sei nicht nur unanständig – denn *niemand von uns, wirklich niemand hat das Recht, einem anderen Menschen das Leben schwer zu machen*, es sei außerdem schlicht und ergreifend – dumm. „Denn sich (und andere) zu ärgern ist Energieverschwendung. Wer ständig seinen Ärger rauslässt, ist wie einer, der zu viel Zahnpasta aus der Tube drückt und danach versucht, sie wieder hineinzumanövrieren, was schlechthin unmöglich ist. Sich ein bisschen zu *grämen und vor sich hin zu grummeln* mag noch angehen, aber sich über Dinge aufzuregen, die es nicht wert sind, dass man sich darüber aufregt, weil das Leben viel zu kurz ist – das ist ungesund, macht auf die Dauer krank und hindert uns vor allem daran, logisch nachzudenken. Und dann steckt man erst einmal so richtig drin, in besagter *Driete*."

Sich über Dinge aufzuregen, die es nicht wert sind, dass man sich darüber aufregt, weil das Leben viel zu kurz ist – das ist ungesund.

Zweifellos ist das der Grund, warum Tristan Niemöller uns ab und zu „Mensch ärgere dich nicht" spielen ließ, was wir natürlich *fabelhaft* fanden.⁊

Hierzu muss man etwas über diese wunderbaren alten Schulen wissen, die es früher einmal in jedem Dorf gab und die im Wesentlichen aus einem einzigen großen Schulraum bestanden. Vielleicht kennen Sie sie ja nur noch vom Hörensagen, vielleicht haben Sie aber auch noch (so wie ich) das Glück gehabt, selbst in eine jener Dorfschulen zu gehen, die heute noch fast genauso aussehen wie damals, als der alte Wilhelm sie bauen ließ. Sie rochen wunderbar – eine Spur muffig vielleicht, aber irgendwie hatte selbst dieser leichte Mief etwas Nettes. In meiner alten Christianssieler Schule duftet es noch heute ein bisschen nach Bohnerwachs und Torf und Äpfeln und nassen Wintermänteln, während die Schule unserer Kinder, wie mir scheint, immer nur nach Turnhalle riecht, nach Fußschweiß und nach – Stress.⁊

Wir hatten damals *überhaupt* keinen Stress. Das Leben floss gemütlich dahin wie das Wasser in den *Wieken*, den Drainagegräben, die es überall in Plattdeutschland gibt und in denen ganz gern die eine oder andere Schnapsdrossel landet, wenn sie sich des Nachts auf die Suche nach dem heimischen Herd begibt. Auch lernten wir, wie jeder in seiner eigenen Seele Siele und Priele anlegen konnte, denn wir wussten: Irgendwann – früher oder später – kommt das Wasser. Und für den Fall ist man besser vorbereitet. Am besten sieht man beizeiten zu, dass alles, was jetzt schon ins Hinterland schwappt (was sich nie ganz verhindern lässt) durch *Schöpfwerke* wieder dahin gepumpt wird, wo es hingehört – in die See nämlich. *Schöpferische* Menschen kommen mit dem Hochwasser in ihrem Leben ohnehin besser klar, erklärte uns Tristan, denn für sie gibt es immer Wichtigeres als das, was da gerade abgeht. Wem es gelingt, sich sein eigenes, persönliches *Schöpfwerk* zuzulegen, den bringt so leicht nichts mehr aus der Fassung – schon gar nicht der tägliche Kram.

Shit happens nun mal, nennt das Father Brian, meines Mannes bester Freund, der Amerikaner irischer Abstammung ist und als solcher die Bewältigung von Kummer, Trauer, Nebel und anderen Widrigkeiten in den Genen hat. Doch über Brians fabelhafte Postkartentechnik später mehr.

Shit happens nun mal.

In diesen Dorfschulen fühlte sich damals niemand überfordert, aber auch nicht *unterfordert* – beides gilt, wie man heute weiß, gleichermaßen als Stressquelle, was auf den ersten Blick verblüffend wirkt. *Stress durch Unterforderung? Wie das?*

Man hat herausgefunden, *dass Langeweile krank macht. Richtiggehend krank.*

(Den Verdacht habe ich ehrlich gesagt schon länger, wenn ich auch nur Teile einer dieser unsäglichen Talkshows anschaue – die kein vernünftiger Mensch ohne ein Stärkungsmittel länger als nur 15 Minuten ertragen kann: was meinen Sie, ob man das den Fernsehfritzen vielleicht mal sagen sollte? Vielleicht senden sie dann mal wieder Lassie oder andere schöne alte Filme, aus denen man wirklich etwas fürs Leben lernen kann! Doch zurück zur „Entdeckung der Langeweile": Wenn man *nicht* das tut oder tun *kann*, wozu einem Mutter Natur das Zeug mitgegeben hat, beginnt die Seele zu leiden und man entwickelt sozusagen einen intellektuellen Muskelschwund, der sich oft an reichen Leuten sehr schön beobachten lässt. Aber die „Schöne Neue Welt", in der wir Normalsterblichen zu leben

haben, hat ein massives Interesse daran, uns von aller Kreativität möglichst fern zu halten (weil Zeitgenossen, die in
ihrer Freizeit quilten oder malen oder Gartenhäuser bauen,
nicht oder nicht genug konsumieren). Wir haben also *ein
paar Jahrzehnte Gehirnwäsche* hinter uns, was niemandem,
der diese Zeilen liest, neu ist, schätze ich mal. Neu dürfte
daran nur die logische Schlussfolgerung sein, dass man
Stress möglicherweise am besten beikommt, indem man
versucht, wieder genau das zu tun, was man am besten
kann. Oder was man immer schon tun
wollte. Stress hat so manch einer nämlich
nur deswegen, weil er als Kind eigentlich
nur eines wollte, nämlich malen (oder
angeln oder reiten oder lesen oder Plätzchen backen), dann aber *nur* Jurist wurde.

*Wer Talent hat zum
Glück, hat auch mit
fünfzig noch Träume,
an denen er arbeitet.*

Will sagen: Vielleicht ist der Königsweg zur Gelassenheit
der, der uns herausfinden lässt, welche (oft verschütteten)
Talente wir haben? Und wovon wir träumten, als wir noch
Träume hatten, damals, mit siebzehn. Wer Talent hat zum
Glück, hat auch mit fünfzig noch Träume, an denen er
arbeitet. „Gebt sie nie auf, diese Träume", riet uns Tristan
Niemöller „denn sie sind so etwas wie der Schlüssel zum
Glück. Solange man noch Träume hat, lebt man. Und das
lässt sich durchaus wörtlich verstehen."¶

Vielleicht sagte unser Herr Niemöller solche Dinge gerade zur fünften Klasse, während man selbst noch in der vier-
ten saß. Aber das war eben gerade das Gute an diesem
alten Schulsystem: Wer sich ein wenig langweilte, konnte
stets dem Unterricht lauschen, den Tristan gerade den
anderen gab, und das war eigentlich ganz interessant. Die
große Kunst eines Lehrers bestand damals nämlich darin,
bis zu acht Jahrgänge, die er in dem Einklassenschulraum zu

unterrichten hatte, ständig so zu beschäftigen, dass er stets einer Gruppe etwas erklären konnte. Das heißt – während er die Erstklässler ein perfektes *Eszet* in ihre Hefte krakeln ließ, diktierte er (zum Beispiel) der zweiten Klasse eine Fabel, die dritte schrieb das Diktat von letzter Woche noch mal ab, die vierte löste eine Textaufgabe, die fünfte schrieb einen Aufsatz, die sechste knobelte an einem kniffligen Rätsel, die siebte hatte ein Gedicht auswendig zu lernen und die anderen bohrten auch nicht in der Nase, sondern hatten irgendwelche anderen Aufgaben zu erfüllen. In größeren Dörfern gab es zwei Lehrer oder Lehrerinnen, die die Klassen eins bis vier und fünf bis acht übernahmen, aber in unserer Zwergschule, die in geburtenstarken Jahrgängen bis zu fünf neue Schüler hatte, war allein Tristan Niemöller zuständig.

Eigentlich war das ganz hübsch und gelernt haben wir damals auch was – den *Erlkönig* kann ich jedenfalls heute noch auswendig und ich weiß auch, dass Ulan Bator kein marokkanischer Ziegenkäse ist und auch kein Brechmittel, wenn es auch fast so klingt, sondern die Hauptstadt der Mongolei. Erdkunde hat Tristan nämlich immer allen gleichzeitig erteilt, auch Religion und Musik und ein paar Dinge mehr.

Dank dieses fabelhaften Einklassenschulsystems habe ich übrigens Probleme mit der Rechtschreibung erst seit der Rächtschreiprephorm. Der größte Vorteil aber, den diese Dorfschulen hatten: Man war in fünf Minuten zu Hause, so man nicht weit draußen irgendwo auf einem Kolonistenhof wohnte. Wir jedenfalls brauchten nur am Löschteich vorbei über die Wiese zu laufen, was besonders Freude machte, wenn sie voller Gänse war, gegen die wir uns zu verteidigen hatten wie der heilige Georg gegen den sieben-

61

köpfigen Drachen. Am Gartenzaun holte uns dann Carlo ab, unser greiser Neufundländer. Weiter wagte er sich wegen der Gänse nie vor, obwohl er ja gern im Löschteich eine Runde schwimmen gegangen wäre. ¶

Schwimmen ist nämlich so eine Hobby dieser sanften Riesen, das kommt ihnen an der Waterkant sehr zupass. Sie sind immer ein wenig unglücklich, wenn es niemanden aus dem Wasser zu ziehen gibt, weswegen wir unseren Carlo stets unsere Puppen aus besagtem Löschteich retten ließen. In späteren Jahren beschränkte er sich darauf, mit uns unter die Dusche zu kommen. Er saß schon Stunden vorher vor der Badtür und wedelte freudig erregt mit dem Schwanz, so einer auftauchte, der duschen wollte. Das konnte, wenn die Großfamilie, in der ich aufwuchs, vollständig versammelt war, bis zu fünfzehnmal täglich vorkommen. Als ich dann nach Jever zur Schule musste, kam ich darauf, Carlos großes Handtuch mitzubenutzen, das meine Großmutter zwischendurch auf der Wäscheleine draußen trocknete. Dann roch ich immer ein wenig nach Hund und nach Heimat, nach Wind und nach Salz ... ¶

Manchmal, wenn ich an die Hunde in meinem Leben zurückdenke, die jetzt alle im Hundehimmel sind, fallen mir als Erstes der gute Carlo ein und sein schweigsamer Vater Bruno, mit dem wir aufwuchsen. In der Weihnachtsnacht 1962 ist er uns damals zugelaufen – er schlich sich ins Haus und setzte sich ganz brav zu uns an den Tisch, die Ente darauf fixierend, so als könne sie ihm wegfliegen. Mein Großvater, der die Sprache der Tiere verstand, bot sich als Dolmetscher an und so erfuhren wir denn, dass Bruno die Absicht hatte, fürderhin bei uns zu wohnen, da er dort, wohin das Schicksal ihn verschlagen habe, wenig mehr als ein Hundeleben führen durfte. Bruno liebte es, Karren mit

Milchkannen durch die Gegend zu ziehen – oder auch mit jeder Menge Kleinkindern, Puppen, Sirupflaschen, Butterbroten und anderen Dingen, die wir für unsere Expeditionen durch Wald und Flur brauchten. Wir sahen immer zu, dass Bruno irgendwo baden konnte, denn er brauchte das, wie jeder weiß, der etwas von Hunden versteht.¶

Man stelle sich unseren guten Bruno einmal (unter einem Schreibtisch auf sein Herrchen wartend) in einem vollklimatisierten Großraumbüro vor, in dem Dutzende von Menschen telefonieren, diskutieren, kommunizieren, konferieren, projektieren, rotieren, delegieren – und alles natürlich *vorgestern* brauchen. Man stelle sich weiter vor, dass der Hausmeister unsern Bruno zwar Gassi führt und ihn ab und zu auch mit Schappi abspeist – aber das wär's dann auch. Kein Löschteich, keine Kinder, nicht mal Puppen, die sich zum Retten eignen, keine Milchkannen und vor allem nichts Richtiges zu beißen. Klar, dass jedes Tier da sofort vor die Hunde gehen würde – selbst ein Rehpinscher, der in jede Jackentasche passt, wäre dort *kreuzunglücklich.*¶

Und was ist mit uns? Wir wissen, dass man einem Tier niemals Lebensbedingungen zumuten darf, die seiner Art nicht gerecht werden. Und glücklicherweise kümmert sich der Tierschutz um solche Fälle. Aber manchmal scheint mir, dass *wir von Hunden mehr verstehen als von uns selbst,* sonst wären wir schon längst darauf gekommen, dass Großraum- und andere Büros denkbar ungeeignete Aufenthaltsorte nicht nur für Tiere sind, sondern eben auch für uns, denn das, wozu wir eigentlich in der Lage sind, können wir da nicht – oder, sagen wir, nur in Ausnahmefällen verwirklichen. Hohe Tiere haben

Manchmal scheint mir, dass wir von Hunden mehr verstehen als von uns selbst.

wenigstens ein eigenes Büro, aber das hilft auch nicht viel, scheint mir. Denn *wann bitte können wir der Mensch sein, der wir eigentlich wären*, wenn wir überdies noch den Rest unserer wachen Zeit in der U-Bahn verbringen oder im Auto und danach so müde sind, dass wir schon auf dem Sofa einschlafen? Es ist zum Auswachsen!¶

Wir sind in den Bunkern unserer Städte von allem, was wir eigentlich *könnten*, wenn wir nur richtig hinsähen, in etwa so weit entfernt wie die arme Queen vom Literaturnobelpreis. Wer weiß, vielleicht hätte sie ja so einiges drauf und möglicherweise hätte sie auch ein paar Cartland-ähnliche Romane geschrieben, wenn sie nicht zufällig als Lizzy Windsor auf die Welt gekommen wäre. Und wenn sie nicht im Gefängnis ihres erst ab Oktober geheizten Buckingham Palace festsäße, wo sich wenig mehr an Bleibendem tun lässt, als für Briefmarken, Pfundnoten und ein paar Ölschinken Modell zu sitzen. Und für die Fotografen des *Goldenen Blatts* natürlich – oder wie diese zur gelben Presse gehörenden Magazine alle heißen. Ab und zu darf sie mal wen adeln, wie Mr. Greenspan oder Maggie Thatcher, die alte Schachtel, aber derlei Aktionen dürften ebenso wenig geeignet sein, der armen Queen ein Gefühl für die überzeitliche Bedeutung ihres Lebens zu geben. Zumal sie außerdem am schlimmsten Stress zu leiden scheint, den man überhaupt haben kann: emotionale Kälte.¶

Wenn wir richtig hinsehen, wollen wir so wie Bruno oder Carlo doch nur eins: schwimmen. Will sagen, genau das tun, wofür wir *eigentlich* gemacht sind: *wirklich kreativ und im sozialen Sinne nützlich sein nämlich*. Stattdessen schlagen wir uns mit irgendwelchen *Marketingstrategien* herum, mit „Neuen Märkten" und weiß der Teufel, was sonst noch, mit Dingen jedenfalls, die eigentlich kein

Mensch braucht und die der liebe Gott sicher nicht im Sinn hatte, als er sich den Homo sapiens sapiens ausdachte. „Die ganze Arbeit mit dem Neocortex (jenen Anbauten im Gehirn, die uns vom Affen unterscheiden) hätte er sich eigentlich sparen können damals, wenn er geahnt hätte, dass es mal so etwas gibt wie Big Brother &Co." findet Brian O'Neill. „Wir wollen dieses Flow-Erlebnis, dieses unglaubliche Glücksgefühl, das uns durchdringt, wenn wir nicht nur relaxen – und unsere Talente vergraben."❡

Die ganze Arbeit mit dem Neocortex hätte er sich eigentlich sparen können.

Was mich wiederum an Carlo erinnert. Wenn er einen Tag mal nicht schwimmen konnte, war er stets ein wenig gereizt. Wenn er *zwei Tage* nicht ins Wasser konnte, litt er zusehends und versank in einer für ihn eigentlich untypischen Melancholie. Wenn er *drei Tage* oder länger nicht wenigstens duschen durfte (wie damals, als sein Bein in Gips war) ging ihm das Fell aus und der Rest seines Behangs hing stumpf und glanzlos an ihm herunter. Ich habe damals, als Siebenjährige, in seiner Hundehütte übernachtet und ihm *Moby Dick* vorgelesen. Denn das spielt in seiner Heimat und es kommt jede Menge Wasser darin vor, doch das war nur ein schwacher Trost.❡

Im Grunde ist es nicht viel, was wir wirklich brauchen. Aber wat mott, dat mott, weiß man an der Waterkant, wat de Mensk brukt, dat brukt he. Bruno wollte ja eigentlich nur ein paar Runden schwimmen und vielleicht noch ein bisschen Leben retten. Er wollte helfen, mit anderen zusammen sein, was Anständiges essen, hin und wieder ein paar Blumenzwiebeln ausbuddeln, Hundekarren mit einem Haufen Kinder darauf ziehen, von denen hoffentlich mal eines ins Wasser fällt – das wär's eigentlich schon.❡

Es ist im Grunde simpel: Wir wollen ganz einfach so leben, wie es in unserer DNA, dem Bauplan der Schöpfung, vorgesehen ist. Punctum.

Je weiter wir uns von unseren eigentlichen Stärken und Vorlieben, von unseren Talenten also und von unseren Träumen, entfernen, desto mehr Stress haben wir. Es ist nicht eigentlich die Arbeit, die uns so zusetzt – *es ist der Mangel an Möglichkeiten, das zu tun, was uns eigentlich am Herzen liegt.* Weil uns der Beruf und all der überflüssige Krempel in unserem Leben keine Zeit mehr dazu lassen.

Es ist nicht eigentlich die Arbeit, die uns so zusetzt, – es ist der Mangel an Möglichkeiten, das zu tun, was uns eigentlich am Herzen liegt.

Wie (und vor allem wann!) soll man da noch kreativ werden? Es scheint nicht machbar und doch gibt es ein paar Möglichkeiten, ein Doppelleben zu führen. Wem sein Leben lieb ist und sein Glück, der sollte es wenigstens damit versuchen. Denn auch wenn es nicht so ganz gelingt: Der Alltagsstress, der uns allen so zu schaffen macht, ist im Nu vergessen, wenn man auch nur eine Nadel einfädelt oder einen schönen, weichen Kolinskypinsel in die Hand nimmt. Dann versinkt sehr schnell alles andere.

Gemalt hat Tristan Niemöller übrigens auch. Er ließ uns freie Hand, war mit Lob aber sparsam, weil er wollte, dass wir uns wirklich Mühe gaben und entdeckten, worin unsere Stärken lagen. Damit stand er wieder mal abseits von dem, was die Erziehungswissenschaftler damals gerade als die neue Parole ausgaben: Jeder gute Pädagoge müsse sich bitte geradezu nass machen vor Entzücken, wenn ein junger hoffnungsvoller Künstler einen Klecks abliefere. Tristan Niemöller fragte nur diplomatisch: „Na, wie findest du es denn selbst?", was oft zu erstaunlichen Erkenntnisschüben führte.

In diesem Zusammenhang kann ich Ihnen eine mir äußerst peinliche Geschichte kaum vorenthalten, in der mein Sohn Christian eine tragende Rolle spielte. Christian, der ein Faulpelz ersten Ranges ist, (wir berichteten darüber), hatte einst als Hausaufgabe für das Fach Religion ein Bild zu malen, das den Auszug der Kinder Israels aus Ägypten darstellen sollte. Christian befragte seinen Vater und auch Brian O'Neill, der gerade auf einen Ballantines da war, und zu dritt dachten sie sich folgende total hirnrissige Geschichte aus: Christian solle seiner Religionslehrerin ganz einfach ein völlig leeres Blatt Papier abliefern, was er natürlich auch prompt tat. Da sie ihn natürlich befragte, woran er dabei gedacht habe, erklärte der Knabe: ans tote Meer, das sei nur nicht mehr zu sehen, weil es sich gerade zurückgezogen habe. „Und die Kinder Israels?", hakte seine Lehrerin nach. „Die sind schon weg", antwortete der Knabe. „Aha", meinte Frau Treuherz (Name geändert) und dachte schwer nach. „Und was ist mit den ägyptischen Verfolgern?", wollte sie dann noch wissen. „Noch nicht da", war die Antwort, die Frau Treuherz auch mächtig beeindruckte. „Sehr schön", lobte sie. Christian bekam eine Eins und er hatte wieder mal eine Lektion gelernt: Frechheit siegt. Wer's nur richtig einrührt, kommt auch ohne Arbeit durch. ❡

Die neue, ganz, ganz oben in den Kultusministerien eingerührte Pädagogik macht's möglich: Dort hat man sich offensichtlich die Abschaffung des gesunden Menschenverstandes sowie diverser anderer eigentlich ganz nützlicher Tugenden auf die Fahnen geschrieben. Ein paar Jahrzehnte Gehirnwäsche haben ausgereicht, um ein paar uralte Werte, wie Fleiß, Fairness und Beharrlichkeit, zum Beispiel, abzuschaffen. Vor allem ist jede Form von Kreativität, kurz bevor der gefürchtete (weil glücklich machende)

Flow-Effekt eintritt, abzuwürgen. Denn kreative Leute sind bekanntlich Konsummuffel, weil sie sich auf die Kunst verstehen, ihre Glücksgefühle aus etwas anderem als Shopping zu beziehen: Shop till you drop. Einkaufen bis zum Umfallen heißt die Devise. („Einkaufen ist gerade jetzt die patriotische Pflicht eines jeden guten amerikanischen Bürgers", hat unlängst ein – leider – führender Politiker jenseits des großen Teichs verlautbaren lassen. Jeder Amerikaner hat, wie man weiß, ein wahrscheinlich in der *Bill of Rights* verankertes *Grundrecht*, um drei Uhr früh ein Glas mittelscharfen Senf einkaufen zu können oder auch noch in der Heiligen Nacht eine Schachtel Munition, ein Schießgewehr oder ein Paar Thermosocken zum Beispiel zu erstehen, obwohl ich für die Thermosocken durchaus Verständnis aufbringe. Im Land der unbegrenzten Unmöglichkeiten gibt es, wie man weiß, Läden, in denen man vierundzwanzig Stunden am Tag dreihundertfünfundsechzig Tage im Jahr einkaufen kann, bzw. – in Schaltjahren- dreihundertsechsundsechzig Tage, klar. Vom Angelköder bis zum Badeanzug in Übergröße ist alles rund um die Uhr zu haben, damit niemand, auch wenn er mal nicht schlafen kann, darüber nachzudenken braucht, dass Mutter Natur uns ganz andere Sachen mit in die Wiege gelegt hat. Auch steht spontanem Mord oder Selbstmord – zum Beispiel – nichts im Weg, so einem mal die blauen Bohnen ausgegangen sein sollten oder die Schlaftabletten.)

Schöpferische Menschen sind den neuen Herren der Welt nämlich immer schon ein Dorn im Auge gewesen. Schon deshalb, weil echte Kreative wirklich über den Dingen stehen. Sie sind die eigentlich Selbst-Bewussten. Und in dieser Eigenschaft sind sie gegen die fröhlich bunten, hummeldummen Werbebotschaften immun.

Wenn ich zuweilen Bewerbungsbriefe bekomme von jungen Nachwuchstalenten, die nicht zu wissen scheinen, dass man „Sie" in der Anrede immer noch großschreibt, dann bin ich zuweilen versucht, ihnen eine von meinen Postkarten zu schicken, auf der steht: „*Wer lesen kann ist schwer im Fohrteil. Wer schreim kann erst rächt.*"❡

Aber so gemein will man ja denn doch nicht sein. Im Grunde können die armen *Kids* ja nichts dafür. An Pisa sind weder sie selbst noch ihre Lehrer schuld, sondern ein paar (fröhlich ihr Zerstörungswerk vollendende) Gremien, die sich das alles ausdenken und die wahrscheinlich nicht umsonst unter der Bezeichnung *Ausschuss* laufen. Das ist niemandem neu. Bei der letzten Bundestagswahl hat doch ein Politiker (dessen Namen ich hier nicht nennen will) ein T-Shirt drucken lassen, das er allenthalben als Wahl-geschenk verteilen ließ. Darauf stand zu lesen: *Ich wähl der D. ihrn (!!) Mann seine Partei.* Wahrscheinlich fanden die das auch noch lustig. Armes Deutschland. So was lebt. Und Karl der Große musste sterben. Diese Kaste, die uns da regiert, hat ohnehin eine Art von Humor, für dessen Verständnis mein Intelligenzquotient offensichtlich nicht ausreicht. Sie ist völlig abgehoben und das Traurige daran ist – diese Leute merken es nicht einmal. Denn sie leben in ihren schallisolierten *VIP-Lounges* so fern von allem, was wirklich zählt, dass selbst Iwan der Schreckliche sich neben ihnen geradezu *volksnah* ausnimmt.❡

Ich wette, dass keiner von ihnen ahnt, was wir wirklich über sie denken, wenn sie die Magnum-Korken knallen lassen und ihre Wahlsiege feiern. Und dass wir Pisa durch-blicken, ist ihnen schätzungsweise auch nicht klar.❡

Ich muss schon sagen, ich bin froh, dass ich nie Lehrer geworden bin und stattdessen Sprachwissenschaft studiert

habe. Hab's nie bereut: so kam ich nach Rom und Paris und
Genf und Boston und das war eigentlich ganz schön. Pisa
sah ich, als sich dabei noch niemand etwas Dummes dachte,
und ich bin Tristan Niemöller heute noch dankbar, dass er
mir im entscheidenden Moment zur Dolmetscherei riet.
Denn die Zeiten hätten sich doch mächtig geändert, schrieb
er mir damals. Solange es noch diese Dorfschulidyllen
gab, war ein Lehrer so eine Art Jongleur, der gleichzeitig
sieben, acht Bälle in der Luft herumwirbelte, während das
Berufsbild eines Lehrers inzwischen mehr in Richtung
Löwendompteur gehe, dessen Aufgabe es sei, eine Horde
Halbwüchsiger (und ihre stets sprungbereiten Eltern) in
Schach zu halten. Für Tristan Niemöller jedenfalls wäre das
nichts gewesen. Er liebte seinen Beruf über alles und vielleicht war er deswegen ein so guter Lehrer. ❡

Er wusste er auf jede – selbst noch unausgesprochene
Frage – eine Antwort. Und daher erlaubte er sich auch
hier und da, den Lehrplan etwas großzügiger auszulegen –
wie im Fall des besagtem *Mensch-ärgere-dich-nicht-Spiels*,
von dessen hohem pädagogischen Wert er zutiefst überzeugt war. *One is always back to square one*, sagt auch Father
Brian: Man kann eigentlich ständig wieder beim Nullpunkt
anfangen. Aber wer weiß, vielleicht ist das auch ganz
gut so. *Denn alles Schlechte ist schließlich für irgendetwas gut*,
nur weiß man das vorher nicht. Wenn es passiert, scheint
es einem, als ginge die Welt unter und doch – wie oft
hat man später das Gefühl, dass es „alles wohl so sein
sollte". ❡

Ich erinnere mich noch, dass eines Tages ganz unvermittelt ein Schulrat auftauchte, ein gewisser Dr. Scheinheil (Name geändert), der ein naher Verwandter des oben
erwähnten Dr. Widerborst gewesen sein muss. Beide

sahen ein wenig danach aus, als litten sie unter Hämorrhoiden oder einer anderen Erkrankung des Magen-Darm-Trakts, an dem Bürokraten gern leiden. Jedenfalls war mit beiden offensichtlich nicht gut Kirschen essen. Mit unbewegter, fahler Miene drückte sich dieser Dr. Scheinheil in den Hintergrund, legte die Stirn in tiefe Falten, steckte ab und zu eine Handvoll Pillen in den Mund und kritzelte mit finsterer Miene Dinge in sein Notizbuch, die zweifellos jeden außer Tristan Niemöller aus dem Konzept gebracht hätten. Selbst Homer setzte sich mit gesträubtem Nackenhaar neben seinem Kanonenofen auf, spitzte ein Ohr und knurrte unwillig, doch Tristan blieb die Ruhe selbst. Der große Niemöller improvisierte aus dem Stegreif einen druckreifen Vortrag von der Kunst und dem Vergnügen, über den Dingen zu stehen und notfalls auch Rückschläge mit Anmut und Würde einzustecken – und mit dem, was die Engländer unter *Sportsgeist* verstehen. „Denn schließlich will uns nur selten jemand *persönlich* ans Leder, es sei denn er hat einen Schlag mit der Wichsbürste" – worunter man da, wo ich zu Hause bin, kleine geistige Aussetzer versteht oder auch geringfügige Schäden im Oberstübchen. „Auch hat uns das Leben nicht etwa auf dem Kieker", erklärte uns Tristan Niemöller, „selbst wenn manchmal dieser Eindruck entsteht. *Die Dinge sind einfach, wie sie sind. Man muss sie nehmen wie das Wetter,* das ist auch nicht absichtlich gut oder schlecht. Ja, schlechtes Wetter ist auch für etwas gut, und gäbe es keinen Regen, wären wir wohl ziemlich arm dran. Es gibt also kein *schlechtes Wetter*", erklärte er, „sondern nur verschiedene Arten von gutem Wetter." Daran hatte ich allerdings so meine Zweifel, wenn wir angstvoll gen Himmel blickend die Schotten (alias Fens-

Die Dinge sind einfach, wie sie sind.

71

terläden) dicht machten und die Katzen sowie ein paar wichtige Papiere vielleicht noch in Sicherheit brachten. Erst später bin ich so richtig dahinter gekommen, dass man *so lange gutes Wetter hat, wie kein Hochwasser ist.* Und so dabei niemand ernsthaften Schaden erleidet, ist auch noch alles in der vorgesehenen Ordnung. Aber das gehört zu der *Relativitätstheorie des Pechs,* wie Niemöller das Phänomen nannte, und in die Geheimnisse dieser Lehre weihte er seine Schüler erst kurz vor der Konfirmation ein, wenn er sie nach acht Schuljahren ins Leben entließ. Ich hab's leider verpasst, denn ich musste dieses schreckliche Gymnasium besuchen, wo niemand vom Schlage des alten Niemöller uns erklärte, worauf es im Leben *wirklich* ankommt.❡

Da gab es nur Quadratwurzeln und anderes Trockenfutter und was, bitte, sind diese Gleichungen mit einhundertvierundzwanzig Unbekannten gegen Tristans hochwirksame *Mensch-ärgere-dich-nicht-Spiele?* Alle höhere Mathematik kann man doch knicken, fand ich. Im Leben muss man nur mir einem *rechnen* – dass die Dinge stets anders kommen als geplant.❡

Wem das Glück lacht, erklärte uns Tristan, der wirft lauter Sechsen und kommt schnell voran, aber das heißt nicht viel, weil es sich so schnell drehen kann wie der Wind auf hoher See und einem ganz leicht alles wieder zu nehmen imstande ist. Dagegen kann man nicht viel machen. Man kann nur zusehen, dass man die Kunst erlernt, auch gegen den Wind zu kreuzen. Sie ist nun mal relativ hoch, die Wahrscheinlichkeit, dass man sich in einem Sturm ungemütlicher Windstärke wieder findet, so man sich auf die unsicheren Schiffsplanken dieses Lebens begibt. Und selbst Landratten sind gegen die Unbilden der Witterung nicht gefeit.❡

Die Driete gehört nun mal zum Leben wie der Regen zu einem ostfriesischen Winter. Oder die Korruption zur politischen Landschaft. Wer das nicht verträgt, kann ja irgendwohin auswandern, wo außer Pfeffer nicht viel wächst, aber dann bekommt er möglicherweise Stress mit Mücken und anderem Getier. *Denn nach einem ewigen Gesetz haben alle Vorteile (mindestens) einen Nachteil und alle Nachteile (mindestens) einen Vorteil. Über den Dingen steht wohl nur, wer möglichst schnell heraushat, wo der Haken an einer Sache ist. Oder der Witz.*❡

Die Driete gehört nun mal zum Leben wie der Regen zu einem ostfriesischen Winter.

Ich weiß noch, dass der Schulrat, den ich aus den Augenwinkeln beobachtete, immer milder über den Rand seines unsäglichen Kassengestells blickte, bis er schließlich ein zu seinem Nussknackergesicht völlig unpassendes, verzücktes Lächeln aufsetzte und begeistert applaudierte. Schließlich spielte er selbst eine Partie *Mensch-ärgere-dich-nicht* mit, nahm dankbar den Pott Tee an, den Tristan ihm anbot und erging sich in hymnischen Lobpreisungen: Einem so lebhaften Unterricht habe er noch *nie* beigewohnt, behauptete er, als er Tristans Hand schüttelte. Der Mensch, verriet mir Tristan Niemöller viele Jahre später, hätte einen solchen Mundgeruch gehabt, dass er problemlos auch als Kammerjäger hätte Karriere machen können. Und zwar ganz ohne Sprühkanister. Bei *dem* Atem wären sämtliche Insekten leblos von der Wand gefallen und auch vielen kleinen Nagern hätte der Pesthauch des Dr. Scheinheil leicht das Lebenslicht ausblasen können. So etwas kommt eben davon, wenn man einen Beruf erwählt, mit dem man anderen Menschen das Leben schwer macht. Auf die Dauer schlägt sich so eine Tätigkeit immer auf den Magen, weswegen insbesondere Menschen, die von Berufs

73

wegen alles Gute in sich unterdrücken müssen, oft unter Verdauungsstörungen leiden. In der Wahl seines Berufes kann also niemand vorsichtig genug sein. Die Seele rächt sich nämlich immer, wenn man sie nicht ernst nimmt. Und wenn man etwas tut, was im Grunde gegen unser Gefühl geht.❡

Die Seele rächt sich immer, wenn man sie nicht ernst nimmt.

„Werdet Lokomotivführer, wenn's euch glücklich macht, oder Biobauer – das ist allemal besser als tagtäglich einen gut bezahlten Job zu tun, der euch im Grunde widerstrebt." Was mich an einen Freund erinnert, der jahrelang bei der Polizei war, bevor ihm klar wurde, dass sich ihm das alles mächtig aufs Gemüte schlug. Er machte sich selbstständig, fährt seither hauptberuflich Ballon und ist ein anderer Mensch. Er steht im wahrsten Wortsinne wirklich über den Dingen, seit er den Ballast alles Erdenschweren abgeworfen hat und der Szene nur noch hin und wieder im Kino begegnet. Von da oben, behauptet Georg, sieht man die Welt mit anderen Augen. Man sieht endlich die Größenverhältnisse wieder.❡

In Georgs Küche hängt übrigens ein verwittertes Schild, das er irgendwann, als er mit seinem Ballon den Kanal überquert hatte, in England fand: *Don't pass this pasture. Bull in it!*, steht darauf zu lesen, was zu Deutsch in etwa: *Vorsicht – Bulle!* bedeutet. Wenn er des Morgens seinen Kaffee aufgießt, freut er sich immer, dass er kein Bulle mehr ist.❡

„Stress, Kinners, ist nicht dasselbe wie viel Arbeit haben. Das sind zwei ganz und gar verschiedene Paar Stiefel. *Stress hat, wer tagtäglich etwas tun muss, das ihn davon abhält, seine Träume zu verwirklichen.* Das ist es wohl. Mehr ist eigentlich nicht daran – und doch: Wenn er einen einmal im Griff hat, dieser Stress, dann ist es schwer, sich aus dem Würgegriff der Boa constructa zu lösen. *Das eine will man, dass andere muss man* und im Nu *muss* man mehr Dinge, als man möchte. Geht schnell."¶

Was hätte ich damals nicht alles darum gegeben, in Christianssiel zu bleiben und das eine oder andere Zauberkunststückchen in Sachen Gelassenheit hinzuzulernen! Dann ginge es mir heute vielleicht besser, wer weiß?¶

Tristan Niemöller hat übrigens kein leichtes Leben gehabt. Er hat zwei Weltkriege überlebt, eine Hirnhautentzündung und eine dramatische Flucht über die Ostsee in einem selbst gebauten Heißluftballon, für den seine Wally Hunderte von Metern Shantungseide auf ihrer alten Singer zusammengenäht hatte. Die Flucht gelang den beiden Mecklenburgern, doch Wally starb kaum zehn Jahre später. Tristan Niemöller hat nie wieder geheiratet.¶

Als dann die Schulverwaltung alle kleinen Dorfschulen aufzulösen begann, bat er darum, in Rente gehen zu können. Das gewährte man ihm mit Freude, denn so manchem war Tristan Niemöller ein zu unabhängiger Geist und verwaltende Menschen sehen so etwas gar nicht gern bei ihren Untergebenen. So ließ man ihn weiter in seiner alten Lehrerwohnung leben, denn das Gebäude wurde ja ohnehin nicht mehr gebraucht.¶

Was Tristan Niemöller auf die Idee mit der Bücherei brachte. In dem großen Einklassenschulraum ließ er mit Unterstützung der Gemeinde Regale bauen und in den nächsten Jahren schaffte er es irgendwie, dafür Bücher einzukaufen, die nicht einmal in Universitätsstädten ohne weiteres zu finden sein dürften. Kein Mensch wusste so genau, wie er es fertig brachte und welchen Sponsoren er dafür das Geld aus dem Kreuz leierte, aber es trafen ständig riesige Pakete von überallher ein. Beim Auspacken ließ er sich von Kindern helfen, die ihm nur so zuliefen und die ganze Nachmittage in ihrer alten Schule verbrachten. Wir Großen saßen da, tranken Tee (den Tristan immer noch auf seinem alten Kanonenofen warm hielt) und bliesen ein wenig Trübsal, dass wir jetzt mit dem Schulbus nach *jwd* mussten, während man früher doch alles ganz gemütlich vor der Haustür hatte. Und die Kleineren, die sich kaum noch vorstellen konnten, wie es in so einer alten Dorfschule zuging, saßen staunend da und hörten zu, wenn Tristan von *Pandorabüchsen* berichtete und *Trojanischen Pferden* und *Augiasställen*. Dabei schloss er gern die eine oder andere Bemerkung zur Lage der Nation an, die ja im Zusammenhang mit (Sau-)Ställen stets nahe liegt. Wenn ich Zeitung lese (was mir inzwischen furchtbar auf die Nerven geht, weil mir immer ein bisschen übel wird dabei), dann fällt mir noch heute Herkules ein und die Geschichte mit dem Stall, den er da auszumisten hatte.

Wolken zählen, lehrte Tristan, gehört zu den wirkungsvollsten Erste-Hilfe-Maßnahmen gegen jede Form von Stress, gegen Unterforderung sowie Überforderung gleichermaßen. Und Wolken zählen hilft, den Überblick zu wahren. Wer sich auf die Kunst versteht, jederzeit ganz unauffällig für ein paar Minuten abzuheben und die Dinge von ganz weit oben zu betrachten, der steht schon deswegen über der Dingen, weil er sie aus einer anderen, höheren Perspektive betrachtet. Möglicherweise sogar von einer anderen Zeitebene aus.

Nun wird's ein bisschen kompliziert, weil hier Einsteins Relativitätstheorien der Zeit ins Spiel kommen. Einstein hat sich in seinen Tagträumen vorgestellt, er könne so weit in den Raum hinausfliegen, dass er mit einem entsprechenden Fernglas die Ereignisse auf der Erde betrachten kann. Je weiter er sich entfernt, desto weiter kann er in die Geschichte zurückblicken, theoretisch könnte er also Varus dabei beobachten, wie er die Römer in den Sumpf lockt.

Wenn wir uns nun mit dem Fernglas unserer Vorstellungskraft in den Raum hinausbegeben, über die Wolken hinaus, könnten wir das, was uns heute geschieht, aus der Perspektive des analysierenden Historikers betrachten. Und ständen somit über den Dingen.

Wer sich also auf die Kunst versteht, sich selbst aus der Perspektive des Historikers zu betrachten, dem fallen alle Dinge plötzlich leicht. Und wem's nicht gleich gelingen will, der stelle sich immer dann, wenn er gerade dabei ist, sich so richtig schön aufzuregen, vor, *dass da einer mit einer versteckten Kamera sitzt und ihn filmt, während er sich aufregt.* Das ist eine todsichere Methode, um Ruhe zu bewahren – auch wenn man am liebsten gerade seinem Ärger Luft machen würde.

Wer sich also auf die Kunst versteht, sich selbst aus der Perspektive des Historikers zu betrachten, dem fallen alle Dinge plötzlich leicht.

Tristan Niemöllers fabelhafte Bibliothek, die bald über einen großen Anbau verfügte, war übrigens weithin bekannt. Er herrschte über wahre Schätze. Am Wochenende kamen selbst Hamburger angereist, die in einem Original der *Schedelschen Weltchronik* blättern durften oder in einer kolorierten (!) Ausgabe des *Garten von Eichstätt*. Ja selbst eine *Gutenbergbibel* befindet sich im Besitz unserer ehemaligen Dorfschule. „Weiß der Himmel, wo Tristan das Zeug her hat", wunderte man sich im Dorf.

Ich weiß es. Und vielleicht hat es auch etwas mit dem Himmel zu tun oder mit der Vorsehung, jedenfalls aber mit der Ziehung der Lottozahlen. Sie ahnen es sicher längst und manchmal frage ich mich selbst, warum wir nicht eher darauf gekommen sind.

Als ich in Christianssiel das letzte Mal mit meinem alten Lehrer an seinem alten Kanonenofen Tee trank, vermachte er mir nicht nur seine umfangreiche Sammlung von Schulaufsätzen, sondern er verriet mir das Geheimnis, das ich nun lüften darf, denn er starb kurze Zeit später und erlaubte mir, als er die letzten Dinge regelte, die Christianssieler davon in Kenntnis zu setzen, dass die letzten zweieinhalb Millionen Mark, die von seinem Gewinn übrig geblieben waren, seinem Lebenswerk zugute kommen sollten.

Homer hatte nämlich damals Tristans Lottoschein gefunden und das kam so: Kurz bevor die sechsmonatige Frist ablief, die ein Lottospieler hat, um seinen Gewinn einzulösen, erinnerte Homer sein Herrchen ans überfällige Gassigehen damit, dass er ihm seinen Hut brachte. Tristan ließ sich nicht lang bitten, nahm den Hut und stellte fest, dass darin, fest unters Hutband geklemmt, der verloren geglaubte Schein steckte. Hutbänder, müssen Sie wissen, sind bei älteren Herrschaften, Landbewohnern vor allem, schon immer ein beliebter Aufbewahrungsort für wichtige Dinge aller Art gewesen. Doch daran hatte Tristan gar nicht mehr gedacht.

Hutbänder sind bei älteren Herrschaften schon immer ein beliebter Aufbewahrungsort für wichtige Dinge gewesen.

So fuhr er denn, von Homer begleitet, in die große Stadt, löste seinen Gewinn ein, spendierte Homer ein neues Halsband und ein Suvlaki in seinem griechischen Lieblingsrestaurant und brütete ein wenig vor sich hin.

Da geschah dann etwas sehr Seltsames: Athena, nein, nicht die Göttin der Weisheit, sondern eine sogar *sehr* leibhaftige Athena und ihr Mann Christos, bei denen Tristan Niemöller seit Jahren zu Gast war, fragten ihn, was ihn denn bedrücke. Und er erzählte von seinem Missgeschick, während die beiden mit besorgter Miene zuhörten, eine Flasche Ouzo hervorholten und das sagten, was Griechen stets zu sagen pflegen, wenn da jemand arm am Beutel, krank am Herzen ihren Rat sucht. Nun „arm am Beutel" war Tristan – weiß Gott – nun wirklich nicht mehr, aber da lag ja gerade das Problem.

Kátse kalá, sagten sie und das ist in Griechenland so etwas wie ein Zauberwort, das wörtlich übersetzt nicht mehr bedeutet als: *Nun setz dich erst mal hin!*

Aber außerdem meint es: *Reg dich nicht auf oder auch: Mach mal halblang, denke in Ruhe nach und versuche nicht zu ändern, was nicht zu ändern ist – und trink erst einmal einen Kaffee mit uns* (oder auch ein Gläschen von dem genannten Ouzo, der unter uns gesagt so *abartig* schmeckt, das man schon allein deswegen alles andere um sich herum vergisst.) „Möglicherweise", gaben Athena und Christos zu bedenken, „möglicherweise lässt sich das, was sich da gerade als Unglück abzeichnet, ja auch Gewinn bringend nutzen. Das ist nämlich fast immer so."

Ist es Zufall, dass die beiden Christos und Athena hießen? Vielleicht ja. Vielleicht aber auch nicht. So kehrten denn Tristan und Homer nach Christianssiel zurück und verrieten erst einmal nichts. Denn Tristan wollte nicht plötzlich neue Freunde haben. Und er wollte nicht jedem, der ihm freundlich begegnete, mit Misstrauen begegnen müssen. Das wäre ihm viel zu anstrengend gewesen, erklärte er mir, und außerdem hätte es ihm alle Freude am Leben verdorben. Er wollte ganz einfach das Problem nicht haben, das aus allen Reichen Bettler macht – nicht mehr zu wissen, wem man vertrauen kann. In Tausenden von Märchen ist davon die Rede: Reich zu sein ist – entgegen allgemeiner Überzeugung – offensichtlich kein Honiglecken. Und also nicht erstrebenswert. *„Zu viel Geld und zu wenig sind gleichermaßen des Teufels"*, fand Tristan.⁊

So blieb denn – nach außen hin – alles beim Alten. Tristan hat die vielen Millionen, die ihm das Glück zugedacht hatte, über die Jahre hinweg bestens angelegt – er hat nämlich (fast) alles *verschenkt*. Das sei die beste Geldanlage, behauptete er, die einzig Gewinn bringende. Vielleicht wissen Sie nun, warum dieses Buch dem großen Tristan Niemöller, auch wenn er in Wirklichkeit anders hieß, zugeeignet ist.⁊

2

Wie zähme ich
ein Stachelschwein?

Oder:

*Wer Humor hat,
der hat beinahe
schon Genie.*

Arthur Schnitzler

Über den stilvollen
Umgang mit
unangenehmen Zeit-
genossen und jenen
Obermimen in Politik
und Wirtschaft,
die uns gern das Leben
schwer machen

Der Neue Stress.
Oder: Warum der Druck, unter dem der globalisierte Mensch steht, so viel schlimmer ist als der, den wir früher hatten

Täusche ich mich – oder hatten wir früher nur sehr viel Arbeit, nicht aber diesen *Druck*, unter dem heute *jeder*, aber auch wirklich jeder zu leiden hat? Jahr für Jahr scheinen wir mehr davon zu bekommen – und immer weniger an wirklich Gutem und Bleibenden kommt für uns und die Unseren dabei heraus.

Früher ist ja angeblich immer alles besser gewesen und vielleicht bin ich mit meinen diesbezüglichen Mutmaßungen auch völlig auf dem Holzweg. Man hört ja immer wieder, dass dieses Beschwören einer angeblich ach so „guten alten Zeit" als das erste Anzeichen von *Senilität* oder auch von *Alterstarrsinn* zu betrachten ist. Von offizieller Seite sind jedenfalls zuweilen Verlautbarungen zu vernehmen, die alle Nostalgie mit einem *leichten Dachschaden* gleichsetzen. Es gibt da so ein paar handgestrickte Durchhalteparolen wie: „Heute ist genau das, was man morgen als gute alte Zeit betrachtet." Das mag schon stimmen. Es stimmt ja auch, dass bei den Blinden der Einäugige König ist. Ist eben alles relativ.

Da man sich ja als moderner Mensch dazu verpflichtet fühlt, immer schön positiv zu denken und die Gegenwart „supertoll" zu finden, gilt man gleich als nicht besonders lebenstüchtig, so man sich hin und wieder den Luxus gönnt, in ein paar schönen, wehmütigen Erinnerungen zu schwelgen.

Also, ich muss zugeben, dass ich ausgesprochen gerne schwelge, und dazu brauche ich nur an einem Stückchen

Palmolive zu schnuppern, das ich stets auf meinem Schreibtisch liegen habe neben jeder Menge Muscheln und anderem Treibgut meiner Kindheit, und schon steht die
Erinnerung an die wunderbar festgefügte Welt meiner
Großeltern und unseres Willemshofes vor meiner Seele.

Jeder, finde ich, braucht so ein Stückchen Palmolive –
oder was auch immer in der Lage ist, jene guten Erinnerungen in uns wachzurufen, die wir alle haben. Vielleicht ist es
für Sie der Geschmack von Erdbeeren mit viel Schlagsahne,
von Schwarzwälder Kirschtorte oder Frankfurter Kranz,
von Waldmeisterbrause oder von *Tritop*, der die guten
alten Zeiten wieder aufleben lässt. Die schlechten können
uns gestohlen bleiben und mit ein bisschen gutem Willen
kann man sie ganz prima verdrängen. Wer sagt eigentlich,
dass wir immer alles „aufarbeiten" müs-
sen? Eine meiner vielen Großtanten hat
stets unsere alten Pullover aufgeribbelt
und dann neue daraus gestrickt, die entsetzlich kratzten – und mit einer traurigen

*Wer sagt eigentlich,
dass wir immer alles
„aufarbeiten" müssen?*

Vergangenheit, die man nicht endlich ruhen lässt, scheint
mir, ist es genauso wie mit einem von diesem Pullovern: Sie
juckt. Weswegen kluge Leute traurige Erinnerungen nicht
ständig *recyceln* und sich stattdessen lieber an das erinnern,
was gut war. Es ist wunderbar und außerdem äußerst
erholsam, sich hin und wieder ganz systematisch aus der
Gegenwart wegzuträumen, und wenn ich von meinen Ausflügen in die Vergangenheit zurückkomme, sehe ich in der
Regel alles Gegenwärtige gelassener.

Natürlich gibt es stets ein paar Spielverderber, die
behaupten, dass unser Eindruck, früher sei alles besser
gewesen, nur die Folge eines schlechten Gedächtnisses sei.
Das finde ich ziemlich frech, ehrlich gesagt.

Ich habe nämlich ein ausgesprochen *gutes Gedächtnis*. Ich könnte Ihnen bis in letzte Detail jene großen Blechdosen von *Brandt* oder auch von *Villosa* beschreiben, in denen meine Großmutter ihr Spritzgebäck aufbewahrte – und ich weiß noch genau, wo in ihrer Speisekammer die Lakritzen versteckt waren, die unser Onkel Jan-Willem aus Holland zu importieren pflegte.¶

Auch lasse ich mir nach wie vor, großväterlicher Weisung gemäß, kein X für ein U vormachen. Deswegen weiß ich ja gerade, dass uns zur Zeit so einiges aus dem Ruder läuft und dass wir vor zehn, zwanzig, dreißig Jahren, als alles noch Maß hatte und Ziel, *ruhiger* und zuversichtlicher leben konnten als heute.¶

Damit ist Essig, seit dieses Gespenst der Globalisierung umgeht in Europa und auch anderswo auf diesem einst schönen Erdenrund. Früher, als die Welt noch weitgehend in Ordnung war, gab es so etwas wie eine *soziale* Marktwirtschaft – doch inzwischen ist das Wort *tabu* und irgendwie scheinen sich sämtliche Politiker abgesprochen zu haben, es nie mehr zu benutzen, so, als hätten wir ihn nie gehabt, diesen deutschen Exportschlager *soziale* Marktwirtschaft – kürzlich ist es einem mal rausgerutscht, dem haben sie anschließend den Mund mit Seife ausgewaschen, schätze ich mal. Jedenfalls war der arme Kerl danach so klein mit Hut, man hätte ihn senkrecht unter der Tür durchschieben können. Inzwischen gibt es, wie jedermann weiß, nur noch den *Freien* Wettbewerb (alias Monopolkapitalismus, wie es in Klassenfeindzeiten hieß – soweit lagen wir damals also gar nicht daneben).¶

Was mit *sozial* gemeint war, werden wir unserem Nachwuchs bald genauso wenig erklären können wie die Funktionsweise eines Butterfasses zum Beispiel oder eines

Krauthobels. Sehr bald, schätze ich mal, werden wir die *Überreste alles Sozialen nur noch im Museum besichtigen können,* wo dem staunenden Publikum – gleich neben ein paar Dinosaurierknochen und anderen mehr oder weniger vorsintflutlichen Antiquitäten – doch tatsächlich *Förderprogramme (!)* für den Mittelstand vorgeführt werden, den man heute abzuschaffen bemüht ist. Denn diese hoch motivierten Mittelständler funken den neuen Herren der Welt zu sehr dazwischen. Vor allem aber verderben diese Streber geradezu das Qualitätsniveau, das kreative Feuerköpfe stets zu *verbessern* versuchen, während die Großen finden, dass sich mit Minderwertigem weitaus mehr Profit machen lässt. Da ist die Spanne einfach größer. Aber dazu muss (unter vielen anderen) der Biobauer eben verschwinden. Es darf nämlich nicht angehen, dass da einer *erstklassige* Eier produziert, die noch nach Eiern schmecken und nicht nach Fisch (wegen dem vielen Fischmehl, das diese armen Tiere in ihren Kasernen zu fressen kriegen). Dann könnte es ja sein, dass die *fünftklassige* Qualität, die die Mega-Abzocker zu vermarkten versuchen, keiner haben will. Also muss alle private Initiative gnadenlos *ausgemerzt* werden, damit niemand mehr einen Vergleich hat.❡

Demnächst wird uns, dem tumben Volk, dann ein im Wesentlichen aus Chemie bestehender Einheitsfraß vorgesetzt. Das kann man jetzt schon sehr schön in anderen Ländern auf diesem Globus beobachten. Dann bekommen wir – um bei dem oben genannten Beispiel zu bleiben – zwar angeblich völlig cholesterinfreie Eier zu essen, aber sie sind vollgepumpt mit Antibiotika und anderen guten Dingen: Wenn nämlich ein Huhn in so einer Legebatterie das Nie-

Es darf nämlich nicht angehen, dass da einer erstklassige Eier produziert, die noch nach Eiern schmecken und nicht nach Fisch.

86

sen kriegt, bekommt die ganze übrige Belegschaft zwangs-weise Penicillin verpasst, ganz einfach. Geht automatisch über den Fütterungscomputer. Die Herren in den weißen Kitteln fackeln da nicht lange.❡

Die neuen Herren dieser Welt fackeln überhaupt nicht mehr. Das ist – sehr grob und sehr verkürzt ausgedrückt – Globalisierung. Sie ist der Grund, warum wir heute unter einer *weitaus übleren Sorte von Stress* leiden als noch vor ein, zwei Jahrzehnten. Dieser Existenzdruck, der sich in der einen oder anderen Form auf alle überträgt, besteht im Wesentlichen aus der bangen Frage: „Was wird, wenn das so weitergeht?"❡

Deswegen kommt man dieser ganz neuen Art von Stress auch nicht mit ein bisschen autogenem Training, der richti-gen Atemtechnik und viel positivem Denken bei, mit Din-gen also, die vielleicht noch vor ein paar Jahren geholfen haben mögen. Die Bücher zu diesem Thema sind jedoch immer noch von geradezu rührender Naivität. Alles, wirk-lich alles scheint sich in den letzten zwei Jahrzehnten grundlegend geändert zu haben – und diese Entspannungs-gurus schlagen immer noch allen Ernstes vor, dass man mit ein wenig Schönreden Herr der Lage bleibt. *Dabei hat der Stress, mit dem wir zu leben haben, längst mutiert*, er ist sozu-sagen den alten Bewältigungstechniken gegenüber immun geworden. Und inzwischen hat ihn jeder.❡

Früher gab es wenigstens noch so ein paar Inseln, frü-her, als der Staat noch Geld hatte und man zumindest von den Fahrern eines Krankenwagens nicht danach gefragt wurde, ob man Privat- oder Kassenpatient ist. Für Kassen-patienten macht man, wie es scheint, inzwischen nicht mal mehr das Blaulicht an, dann kann man sehen, wo man ablebt. Ja, diese Leute überlegen sich sogar, ob sie einen überhaupt *mitnehmen*, und wenn man nicht gerade ganz blau im Gesicht ist und sich mit Schaum vorm Mund in Krämpfen windet, empfehlen einem diese Milchreisbubis, die nicht mal Mediziner sind, in der Regel ein Tässchen Kamillentee und eine Wärmflasche. So ist das inzwischen. Die Spatzen pfeifen's ja von den Dächern und neu dürften diese Informationen wohl nur für den sein, der längere Zeit kein Krankenhaus mehr von innen gesehen hat. Wir sind pleite, da beißt die Maus keinen Faden ab. Und da, wer pleite ist, nie allein den Bach runtergeht, sondern tausend andere mitzieht, ist diese tägliche Bankrotterklärung der eigentliche Grund für den Stress, den wir alle haben.

Ich lese inzwischen kaum noch Zeitung – mir reichen schon die Radionachrichten, um hinreichend schlechte Laune zu bekommen. Auch mein Mann schlägt, wenn er Zeitung liest, erst mal die Sportnachrichten auf, weil da die Welt noch in Ordnung ist und weitgehend von *Fairness* und *Sportsgeist* bestimmt zu sein scheint. Den Rest überfliegt er nur mehr, weil das, was da steht, ja nicht mehr auszuhalten ist. Seit kurzem ist unter vielem, vielem anderen, die Rede davon, dass so manche Stadt inzwischen ob der chronischen Ebbe in ihrem Säckel ihre schönen mittelalterlichen Rathäuser an den Meistbietenden verkaufen will. Ich könnte immer nur den Kopf schütteln, wenn ich Zeitung lese. Und ich komme mir dann sehr, sehr alt vor. *Wo ist – um Himmels willen – bloß das Gute abgeblieben?*

Wo ist – um Himmels willen – bloß das Gute abgeblieben?

Inzwischen habe ich, um den Schmerz zu lindern, stets ein Fläschchen *Paspertin* da stehen – gegen die Übelkeit, die mich unweigerlich anfällt, wenn ich scharf nachdenke und das, was da in den Zeitungen steht, ein wenig *hochrechne*.

Seit ich mir das zur Gewohnheit gemacht habe, wundere ich mich über nicht mehr allzu viel – man ahnt schon, was als Nächstes kommt, wenn von der „längst fälligen Privatisierung auf dem Dienstleistungs*markt*" zum Beispiel die Rede ist und ein Chemiemulti die Wasser- oder Energieversorgung hierzulande übernimmt. Oder das Schulsystem. Über all diese Dinge wird doch tatsächlich *ernsthaft* diskutiert.

Unlängst habe ich *Das Beste aus Reader's Digest* wieder abonniert, wie es der alte Hinrich Mecksever empfahl – das hilft sehr, denn es ist so rührend naiv und erlaubt seinen Lesern, sich zumindest der *Illusion* hinzugeben, dass diese Welt noch zu retten ist.

Früher ist wirklich alles besser gewesen. Früher hat man Alkoholiker, Drogenabhängige und andere arme Schweine, die auf Entzug waren und es beim ersten Anlauf nicht schafften, *nicht* einfach so mir nichts, dir nichts wieder ausgesetzt und ihrem Schicksal überlassen. Früher ist kein Beamter auf die abartige Idee gekommen, im Rahmen staatlicher Sparmaßnahmen von den Eltern eines vermissten Kindes (das dann auch nach einem halben Jahr ermordet aufgefunden wurde) die Zurückzahlung des Kindergeldes zu fordern – wie es unlängst hier geschah. Über solche und ähnlich erbauliche Dinge ist in den Zeitungen zu lesen. Wen wundert's da, dass immer mehr Zeitgenossen diese Postillen abbestellen? Weil sich einem dieses Elend auf die Dauer furchtbar aufs Gemüte schlägt. Und weil man sich von diesem ewigen Kopfschütteln einen Wirbelsäulenschaden holt auf die Dauer.

Diese Welt, das ist ein Eindruck, dem sich viele nicht mehr entziehen können, wird immer kälter. Inzwischen gelingt es einer immer kleiner werdenden Gruppe von

Erlauchten, durch wirtschafts- und informationspolitische Tricks immer mehr Menschen in eine Abhängigkeit hineinzumanövrieren, aus der es kein Entrinnen zu geben scheint.❡

Und das, Freunde, ist der eigentliche Grund für den Stress, den wir alle haben. Man kann das jetzt so deutlich sagen, weil der Zug ohnehin schon abgefahren ist und sich an dieser Tatsache auch wohl nichts mehr ändern lässt. Zur Zeit machen gerade die kleineren Banken und Sparkassen den wenigen, die noch übrig geblieben sind, die Hölle heiß: Jetzt kriegen wir alle Noten wie einst in der Schule mit dem einzigen Unterschied, dass man heutzutage schon durchfliegt (d. h. den Geldhahn abgedreht bekommt), wenn man schlechter steht als zwei minus oder so. So ist das. Kann man nichts machen. Die Sparkassen und Raiffeisenbanken sind selber unter Druck geraten, seit ihnen die Brüssler den Status der *Gemeinnützigkeit* aberkannt haben – Gemeinnützigkeit, das ist auch so ein Wortfossil, eines dieser bösen, bösen Worte, die kein Politiker mehr in den Mund nimmt, denn eine *gemeinnützige* Zinspolitik könnte ja einseitig die *kleinen Leute* fördern oder gar die gefürchteten, weil selbstbewussten Mittelständler, die als Helden der Arbeit stets den Durchschnitt versauen. Und dann würden die armen, armen Großkonzerne mit ihren höchst durchschnittlichen Produkten und ihren Fischmehl-Eiern wieder in die Röhre kucken. Da aber bekanntlich nicht sein kann, was nicht sein darf, und da hierzulande, heutzutage auf höchster politischer Ebene nur noch die Interessen der Großen und nicht mehr der Kleinen vertreten werden, hat man dort kurzerhand beschlossen, dass *alles Gemeinnützige dem Prinzip des freien Wettbewerbs widerspricht.*❡

Wie sagte mein Großvater in derlei Fällen? „Na dann gute Nacht, Marie!" Jetzt ist es also raus: Die große

Abzocke hat begonnen, und was ein paar da losgetreten haben, bringt keiner mehr zum Halten.¶

Zur Zeit werden gerade die ersten größeren Konzerne auf dem Altar des Turbokapitalismus geopfert. Denn leider haben sich die größeren Firmen, die dachten, vom Globalisierungsprozess profitieren zu können, kräftig verkalkuliert und jetzt geht es ihnen selbst an den Kragen.

„Na dann gute Nacht, Marie!"

Globalisierung, das heißt: Ein paar wenige ganz Große haben sich zu Beginn der neunziger Jahre eine Reihe von höchst raffinierten politischen Tricks mit weit reichenden Wirkungen ausgedacht – eine Art wirtschaftspolitische Fernbedienung sozusagen – und seither warten sie ganz gemütlich ab, dass zunächst die Kleinen die Mücke machen oder von den Mittleren gefressen werden. Dann werden die Mittleren von den Großen und schließlich die Großen, die sich an den Mittleren überfressen haben, von den ganz, ganz Großen übernommen. Eigentlich eine genial einfache Idee: Man hetze zwei Konkurrenten aufeinander, warte, bis einer ins Gras beißt und der andere „entmattet" (wie mein Onkel JanWillem van Köping zu sagen pflegte) zu Boden sinkt. Dann braucht man die Burschen nur noch auszuplündern.¶

So sitzen diese Teufel denn geduldig wie die Spinnen im Netz und kaufen sich am Ende den dummen Rest. Zum Ramschpreis natürlich – für einen Euro oder so. Das ist in etwa so wie die unkonventionelle Einkaufsmethode jener Gierhälse, die einer Sache, die sie kaufen möchten, einen leichten Schaden beibringen, um sie dann billiger zu bekommen. Sie reißen zum Beispiel einem Mantel einen Knopf ab (habe ich alles schon beobachtet) und tun dann ganz indigniert, bevor sie sich dazu herbeilassen, das Teil trotz dieses erheblichen Mangels zu erwerben. Dem Personal würden sie wahrscheinlich einen Gefallen tun, wenn sie es überhaupt klauten. Dann hätten die Leute, die sich für den fehlenden Knopf entschuldigen müssen, wenigstens etwas weniger Stress, aber den Gefallen tun einem diese Leute nie. Ein Abzocker hat, wie jeder andere fiese Möp auch, das perverse Bedürfnis, sich selbst einzureden, dass er ja nichts Unrechtes tut.

Ein Abzocker hat, wie jeder andere fiese Möp auch, das perverse Bedürfnis, sich selbst einzureden, dass er ja nichts Unrechtes tut.

Globalisierung – das ist, wenn mich nicht alles täuscht, nichts als *grenzenlose* Abzocke. Früher einmal, lang, lang ist's her, hat alles Wirtschaften dazu gedient, die Bedürfnisse der vielen zu stillen. Jetzt jedoch soll das Ergebnis unserer Arbeit nur noch einigen wenigen, die nicht genug bekommen können, zugute kommen. Mögen sie sich daran verschlucken!

Doch leider, leider hilft hier alles fromme Wünschen nicht. Ich weiß nicht, ob man noch etwas dagegen tun kann. Ich weiß es *ehrlich* nicht. Es ist einfach zu spät inzwischen und die Globalisierer verfügen – wie jedes totalitäre Regime – über sehr feine Kontrollmechanismen.

Selbst die Ewiggestrigen, die noch vor kurzem von Verschwörungstheorien sprachen, erkennen inzwischen, dass etwas oberfaul ist im Staate Dänemark.

99,99 Prozent der Weltbevölkerung, schätze ich mal, sind Menschen guten Willens. Das Problem ist nur, dass wir die Eigenschaft haben, uns nicht mal *vorstellen* zu können, was dieses eine Promille im Schilde zu führen imstande ist.

Was tun, sprach Zeus?

92

Gelassen zu bleiben und zu akzeptieren, was nicht zu ändern ist, ist eine Tugend. Doch es gibt Dinge, die wir *ändern können*, und sei es auch nur durch passiven Widerstand und eine konsequente Verweigerungshaltung. Viele, viele Menschen sind zur Zeit dabei, ihr Leben zu vereinfachen, um sich aus ungewollten und gefährlichen Abhängigkeiten zu befreien. Damit ist schon viel gewonnen.❦

Aber dem Ganzen lässt sich noch eins draufsetzen: „Es liegt in der Natur des Menschen, die Notwendigkeiten der Dinge geduldig zu ertragen, nicht aber den bösen Willen des anderen", steht bei Rousseau. Zeigen wir dem oben genannten Promille doch mal, was eine Harke ist!❦

Die haarsträubende Geschichte vom Aufstieg und Fall der Firma Sprüfix & Co.
Oder: Man lasse sich nie ins Bockshorn jagen.
Es gibt nämlich immer eine andere Lösung.

Hierzu muss ich Ihnen unbedingt eine äußerst wilde Geschichte erzählen, von der mir Anne Mecksever, die Tochter unseres Christianssieler Dorfschmieds unlängst berichtete. Sie hat jahrelang mit mir bei Tristan Niemöller und auch später in Jever ein und dieselbe Schulbank gedrückt – als plötzlich ihre Mutter starb und sie sich um drei kleine Geschwister kümmern musste. Als die Kleinen aus dem Gröbsten raus waren, konvertierte Anne zum Katholizismus, weil sie unbedingt Nonne werden wollte. Doch im entscheidenden Moment verließ sie der Mut. Zum Glück, denn sonst hätte niemand mehr ihre wunderbare, hüftlange blonde Haarflut zu sehen bekommen und darum wäre es nun wirklich schade gewesen.❦

Sie machte ihr Abitur ganz geduldig in schier endlosen Abendkursen, was ich stets sehr bewunderte, denn Geduld ist nicht gerade meine Stärke. Danach studierte sie Russisch und Englisch und arbeitete für verschiedene Firmen im In- und Ausland. Geheiratet hat sie – bis jetzt jedenfalls – nie.

Was Anne bei Sprüfix & Co. erlebte, ist schon sehr merkwürdig und doch ist es wahrscheinlich nicht einmal etwas Besonderes im Vergleich zu dem, was zur Zeit land-auf, landab gang und gäbe ist. Die Firma Sprüfix war sei-nerzeit, in den Siebzigern und Achtzigern, der führende Hersteller von Haar-, Deo- und vor allem Raumsprays in Deutschland. Gleich nach der Wende übernahm ein ameri-kanischer Konzern die Firma und änderte zunächst einmal den alten treudeutschen Firmennamen in ein vermeintlich international wettbewerbsfähiges „fix-mist Inc." was keine besonders glückliche Wahl gewesen sein dürfte. Jedenfalls nicht für den deutschen Markt, auf den es fix-mist abgese-hen hatte. Aber *mist* ist nun mal die englische Bezeichnung für *Nebel*, und dass *Mist* im Deutschen eine leicht andere Bedeutung hat, kam dem amerikanischen Management nicht in den Sinn. Typ-A-Menschen (das sind die Leute, die sich ihren Stress selber machen) denken überhaupt selten über irgendetwas nach, vor allem wenn sie aus Austin, Texas, dahergestiefelt kommen. Die deutschen Mitarbeiter bei fix-mist hielten jedenfalls dicht und dachten überhaupt nicht daran, ihren neu-en Boss über die wahre Bedeutung von *Mist* aufzuklären. „Da *mist* ihr schon selber aufpassen", bemerkte eines Tages ein Lagerarbeiter ganz trocken und dieses (wahrscheinlich kölschinduzierte) Zitat wurde denn auch bald zum geflügelten Wort. Dass man

„Da mist ihr schon selber aufpassen."

94

nichts verriet, hat aber nichts mit Häme oder mit Obstruk-
tionismus zu tun. Nein, die Mitarbeiter hatten ganz einfach nur *Angst*, unangenehm aufzufallen. Auf dünnem Eis
bewegt man sich nämlich am besten so vorsichtig wie nur
irgend möglich.❡

Und das Eis war wirklich dünn bei fix-mist, dafür sorgte
schon der neue Manager, ein gewisser Andrew S. Whole,
der sich zwar in jovialen Gunstbezeugungen wie Schulter-
klopfen und *„How do you do today?"* übte, aber er war,
wie sich bald erweisen sollte, eine ganz linke Bazille.
Nach der Wende importierte die Firma die Sprühköpfe
aus Polen und Russland, weil sie dort um ein Vielfaches
billiger waren, und Anne hatte die undankbare Aufgabe,
Stephens Anweisungen zu übersetzen. Doch Anne tat
etwas, was nur Übersetzer mit *Zivilcourage* tun: Sie bemüh-
te sich, den rüden Ton, der im Original vorzuherrschen
pflegte, in eine weniger verletzende, freundlichere Form zu
bringen.❡

Aber viel, fand Anne, war damit immer noch nicht
erreicht. Denn fix-mist Inc. gehörte zu den Unternehmen,
und das sind inzwischen leider keine Ausnahmefälle mehr,
in denen schon ein einziger A-Typ das Kunststück fertig
bringt, eine ganze Firma so aufzumischen, dass nicht einmal
mehr der Hausmeister weiß, wo ihm der Kopf steht. Diese
Leute sehen sich zwar selbst gern als Macher, aber meiner
Beobachtung nach ist das Einzige, was sie machen, *Stress*.
Stress pur. Und zwar *Stress einer ganz und gar neuen Art, wie
es ihn offensichtlich erst seit der Wende gibt*. Seither gibt es
auch diesen neuen Typus von Machern, die mit unrealis-
tischen Zielvorgaben und einem gnadenlosen Optimismus
Furcht und Schrecken verbreiten. Früher gab es diese
Leute *ganz einfach nicht*.❡

Das heißt, es gab sie schon, aber sie kuckten damals noch die *Sendung mit der Maus* an. Oder die *Sesamstraße*. Wenn mir heute einer dieser Yuppies begegnet (man erinnere sich: Yuppie ist das Kürzel für *young urban professionals*, aber *young useless professionals* kommt wohl eher hin, schätze ich mal), dann denke ich daran, dass ich, als ich so fünfzehn, sechszehn war, für zwei Mark die Stunde den Babysitter gemacht und diesen Typen den Hintern abgeputzt habe. Und außerdem habe ich ihnen *Brüderchen und Schwesterchen* vorgelesen – was für eine Zeitverschwendung, wenn ich genau darüber nachdenke! Aber das tue ich lieber nicht, sondern tröste mich mit Literatur und Erich Kästners verwirrter Frage, wie es denn eigentlich komme, dass aus so „netten Kindern (oft) solche furchtbaren Erwachsenen" werden. Jedes Ekelpaket (das heute mit Drohungen wie: „Niemand ist unersetzlich", anderen Beine zu machen beliebt), jeder von diesen Kerlen muss doch irgendwann einmal ein freundlicher Fünfjähriger gewesen sein, der uns gefragt hat, warum der Himmel blau ist. Und ob Jesus auch einen Familiennamen hat … Wann fallen ihnen bloß die Flügel ab? Wenn sie es gelernt haben, Nike von adidas zu unterscheiden? Und plötzlich nur noch Unterhosen von Calvin Klein anziehen wollen?¶

Doch zurück zu Anne und dem fix-mist, mit dem sie jahrelang zu kämpfen hatte. Was Anne dort erlebte, ist schon höchst seltsam. Ich erspare Ihnen die Details und versuche, mich auf die *Highlights* oder besser gesagt die *low points* zu beschränken, so schwer mir das auch fällt.¶

Anne war neununddreißig, als sie zu fix-mist Inc. ging. Vorher hatte sie lange in Moskau gelebt und gearbeitet – und dort wurde sie behandelt, als gehöre sie zur Familie. Fix-mist Inc. war ursprünglich eines jener alten, erfolgreichen Traditionsunternehmen, in denen der Seniorchef jeden mit Handschlag begrüßte und sich danach erkundigte, was die Pumpe mache oder die Hüfte, die unlängst operiert wurde, oder wie es den Enkeln gehe. Das ging so lange gut, bis die Firmenleitung einem der oben genannten Sesamstraßenkinder wesentliche Teile des Managements übertrug. Dieser Milchreisbubi schaffte es binnen kurzem, die Firma ins Aus zu befördern. Nach einem Jahr war sie übernahmereif und der alte Herr Sprüngli durfte noch erleben, wie sein Lebenswerk an diesen amerikanischen Saubermann verkauft wurde. (Für einen Appel und ein Ei natürlich.) Herrn Sprüngli brach darüber das Herz. Er wurde krank und wollte eines Morgens partout nicht mehr aufwachen und dieses Elend weiter mit ansehen. Er wurde zu Grabe getragen, betrauert von Hunderten von früheren Mitarbeitern. Mehr als die Hälfte davon war kurz darauf arbeitslos.

Das ging so lange gut, bis die Firmenleitung einem der oben genannten Sesamstraßenkinder wesentliche Teile des Managements übertrug.

Und der anderen Hälfte machte der neue Generaldirektor erst mal Beine. Der Sesamstraßen-Milchreisbubi ist, wie man hört, inzwischen dabei, ein weiteres altes Familienunternehmen an die Wand zu fahren, das ihm auch noch 150 000 Euro im Jahr dafür bezahlt.

Mr. Whole's erste Amtshandlung, als er nach Köln-Erftstadt kam, war die Wiedereinführung *der Stechuhr.* Wer dabei erwischt würde, wie er für einen Kollegen „mitstach", ließ er gleichzeitig verlautbaren, könne gleich seine Sachen packen und gehen. In der Beziehung verstünde die Firmenleitung keinen Spaß.

Ich frage mich ohnehin, ob es überhaupt eine Beziehung gab, in der man bei fix-mist Inc. Spaß verstand. Des Morgens um sieben Uhr dreißig hatten sich sämtliche verbliebenen Firmenmitglieder in der umgestalteten Kantine zu treffen, die Köpfchen zu senken und die Händchen zu falten, woraufhin Andrew S. Whole in einer kurzen, inspirierten Ansprache versuchte, den Heiligen Geist des *American Way of Life* auf sie alle herabzubeschwören. „Nach dieser Morgenandacht konnte man es vor lauter *Motivation* gar nicht erwarten, endlich an sein Tagwerk gehen zu dürfen", berichtete Anne. „Vor der Mittagspause gab's dann noch einmal so eine *Session*, die sich amerikanische Motivationsforscher ausgedacht haben: *Schattenboxen.* Das stärkt angeblich den Kampfgeist der Truppe. Da standen wir dann in unseren Trainingshosen, lernten Fäuste zu ballen – und äußerst seltsame Urwaldlaute auszustoßen, die denen von Pavianen nicht unähnlich sein dürften."❡

„Nach dieser Morgenandacht konnte man es vor lauter Motivation gar nicht erwarten, endlich an sein Tagwerk gehen zu dürfen."

Heute steht Anne über diesen Dingen, aber damals, als sie mittendrin saß in diesem Schlamassel, war ihr gar nicht danach. Wenn man für eine solche Firma arbeitet, schätze ich mal, hat man nicht mehr viel zu lachen. Leider gibt es inzwischen Tausende davon, auf die diese oder eine ähnliche Beschreibung passen würde.❡

Das Beispiel Sprüfix & Co alias fix-mist Inc. ist natürlich schon ziemlich extrem gewählt, das gebe ich gern zu. Stellen Sie sich vor, dass man sich dort bei jemandem, der sich den Sinn seines Lebens zweifellos auch mal anders vorgestellt hatte, den *Kloschlüssel* abholen musste! Dieser arme Mensch (der, wen wundert's, bald den Spitznamen *Männeken Piss* führte) hatte die Aufgabe, genauestens Buch über die dort verbrachte Zeit zu führen – angeblich sei das alles nur zu statistischen Zwecken, behauptete Annes Chef.

Und überhaupt pfeife er auf alle Gewerkschaften, er sei Amerikaner, fügte Mr. Whole noch hinzu, als der Betriebsrat versuchte, darauf Einfluss zu nehmen und wenigstens zu verhindern, dass im Aufenthaltsraum des Personals eine Überwachungskamera installiert wurde. Das ist offensichtlich die Art, wie Cowboys ihre Probleme lösen: indem sie einfach so weitermachen wie gehabt und sich einen Teufel scheren um Gesetze und Vereinbarungen, die die Gewinnspanne der Leute einschränken, denen das Ganze gehört.❡

Mr. Whole gab sich zwar stets volksnah, doch er war ein knallharter Manager vom Typ A, über den später noch so einiges zu erfahren sein wird. Er ließ sich von allen mit Vornamen anreden (wofür er nichts kann, denn das ist in angelsächsischen Ländern so üblich), aber er hatte eine Art, jedem, der ihm nicht schnell genug dachte, ins Wort zu fallen. Das machen Typ-A-Menschen sehr gerne, hat mir Peter einmal erklärt, weil dadurch beim anderen der Adrenalinspiegel steigt, was wiederum bewirkt, dass der Betroffene nicht mehr nachdenken kann. Adrenalin stoppt nämlich sofort alle Gehirntätigkeit. Es ist das „Flucht-oder-Kampfhormon" – und wenn das eine oder andere davon angesagt ist, steht man sich, so man nachdenkt, nur selbst im Weg.❡

Typ-A-Menschen beherrschen ihn perfekt, diesen „Kreuzverhör-Trick", der darin besteht, andere zu unterbrechen bzw. ihnen schnelle Gegenfragen zu stellen. Manchmal ist ihnen das selbst gar nicht so bewusst und sie sind fast immer hocherstaunt, wenn man sie darauf anspricht. Ob bewusst oder unbewusst, jedenfalls wird dadurch alles, was bis dahin im Fluss war, abgebrochen und der Typ A (zu dem leider auch der eine oder andere Lehrer gehört) hat einmal mehr das Gefühl, dem anderen überlegen zu sein.

Das gehört offensichtlich zu dem Kick, den machthungrige A-Typen brauchen ...¶

Wenn man solche Dinge weiß, ist einem schon viel geholfen. Aber leider konnte Anne, als sie für Andy arbeitete, nicht viel daran ändern. Immerhin formulierte sie die Briefe behutsam um und freute sich über die freundlichen Antworten.¶

Bis eines Tages das Verhängnis in Gestalt einer Blasenentzündung über sie hereinbrach. Wahrscheinlich fragen Sie sich jetzt, was Annes Blase mit den Briefen zu tun hatte, aber das kam so: Sie hatte eine Woche lang öfter als zwölfmal pro Tag den bewussten Schlüssel abholen müssen, bevor sie sich mit Kürbiskernen wieder halbwegs kuriert hatte. Sie könne doch Antibiotika (auf die Anne übrigens allergisch reagiert) nehmen, schlug *Männeken Piss* ihr eines Morgens vor, schaute sie dabei aufmunternd an, notierte auch ein paar Zahlen in sein schlaues Buch und murmelte etwas von Statistik.¶

Wenn man kaum größer ist als eins sechzig, leidet man, schätze ich mal, wie ein Hund, so man urplötzlich *Männeken Piss* geheißen wird. Der alte Otto, („Vorne rund und hinten rund", erklärte er gutmütig, „und das in der Mitte sind die Hosenträger.") arbeitete seit knapp fünfzig Jahren für Sprüfix & Co. und wurde mit diesem Namen und dem, was in seiner Firma sonst so vor sich ging, nicht ohne weiteres fertig. Doch auch er änderte etwas: Als Anne diese Blasenentzündung hatte, hatte sie den Schlüssel an einem, jenem bewussten Tag nicht nur zwölfmal gebraucht, sondern leider alle siebeneinhalb Minuten, das heißt etwas über fünfzigmal. Nach dem zehnten Gang gab ihr *Männeken Piss* einen Nachschlüssel und führte nicht weiter Buch.¶

Trotzdem erhielt Anne eine Abmahnung, in der ihr mit juristisch korrekten Worten mitgeteilt wurde, dass man über ihre Zukunft bei fix-mist Inc. schon sehr nachdenken müsse, wenn sie ihre Sextanerblase nicht in den Griff kriege. So was in der Art.

Die Arbeit begann, Anne *Kopfzerbrechen* zu bereiten – im wahrsten Wortsinne. Denn permanenter Stress, wenn er knüppeldick kommt, zerstört zunächst einmal unser Immunsystem, hat uns Peter erklärt. Beim einen schlägt er sich auf den Magen, beim anderen auf Galle, Darm, Leber oder Bauchspeicheldrüse, beim Dritten aufs Kreuz und fast alle bekommen Schlafprobleme. So auch Anne. Sie hatte nicht nur ständig diese Blasenentzündungen, sie entwickelte überdies einen stechenden,

Permanenter Stress, wenn er knüppeldick kommt, zerstört unser Immunsystem.

chronischen Kopfschmerz und schlecht war ihr dabei auch. Der Arzt konstatierte eine *Migraine accompagnée*, das ist sozusagen das Kopfschmerz-Topmodell mit allen Schikanen. Dagegen hilft nicht einmal mehr Massage. Sie solle versuchen, ihren Lebensstil zu überdenken und den Stress zu reduzieren, riet er ihr. Aber die Ärzte haben gut reden – von irgendwas muss man schließlich leben, vor allem, wenn man allmonatlich die Ratenzahlungen für eine Eigentumswohnung zu zahlen hat. Und so viel Auswahl gibt es auf den Arbeitsmärkten inzwischen auch nicht mehr, seit globalisiert wird, was das Zeug hält. Vor allem, wenn man vierundvierzig ist. Da kommt man vielleicht noch als ABM irgendwo unter, aber sonst?

Annes Situation in der Firma fix-mist Inc. wurde Tag für Tag schwieriger. Sie arbeitete inzwischen zehn bis zwölf Stunden täglich als eine Art Ersatzsekretärin für Andy Espunkt, wie man ihn allgemein nannte. Kein Mensch

101

wusste, wofür dieses S. im Namen von Andrew S. Whole stand, denn der *middle name* ist etwas, was ein Amerikaner in der Regel nicht ohne Not preisgibt. Anne amüsierte sich nur ein wenig als sie entdeckte, dass die Abkürzung des Namens A. S. Whole einen erstaunlichen, neuen Zusammenhang aufdeckte, aber diskret, wie sie nun mal ist, gab sie dieses Insiderwissen nicht weiter. Anne hielt sich erstaunlich lange auf ihrem Posten – die anderen drei Sekretärinnen hatten schon nach ein paar Wochen, einer Reihe von Hörstürzen (und in einem Falle auch einem Nervenzusammenbruch) ihren Rücktritt eingereicht. Anne durfte jetzt endlich auch das tun, was sie immer schon wollte: Kaffee kochen. Das ging auch so lange gut, bis eines Tages durch einen dummen Zufall aufflog, dass sie sich bei der Übersetzung der Sendschreiben einige Freiheiten herausgenommen hatte. Eine zweite Abmahnung kam. Gleichzeitig wurde bekannt, dass *Männeken Piss* gehen musste, als sozusagen *ruchbar* wurde, dass seine Klo-Statistiken nicht stimmten. Und dass er auf eigene Kosten jede Menge Nachschlüssel hatte machen lassen. Denn plötzlich hatten neunzig Prozent der noch verbliebenen Besetzung das eine oder andere Verdauungsproblem, so dass *Männeken Piss*, der nicht direkt lügen wollte, alle Courage, über die er verfügte, zusammennahm: Nach und nach ließ er bei verschiedenen Schlüsseldiensten, damit's nicht so auffiel, Nachschlüssel anfertigen und verteilte sie.❡

Als Otto das letzte Mal kam, um seine persönlichen Sachen aus der Portiersloge zu holen, hatte auch Anne genug. Sie packte ihre Kürbiskerne ein und die arme Büropflanze, die trotz liebevoller Pflege auch schon vor sich hin kränkelte, und schrieb ihre Kündigung, die sie zusammen mit einem Glas *Nescafé* samt einem Löffel auf Andrew Espunkts Schreibtisch deponierte.❡

Den Pulverkaffee, schlug sie dem verblüfften Mann vor, könne er eigentlich auch direkt aus dem Glas löffeln, das käme, vom Koffeinstandpunkt aus betrachtet, auf dasselbe raus, doch es ließe sich durch eine solche Maßnahme mächtig Zeit sparen. Wenn alle Sekretärinnen dieser Welt nicht mindestens eine halbe Stunde täglich damit verbringen müssten, ihre Chefs zu bekochen, dann ließen sich übern Daumen gerechnet mindestens dreißig Millionen Arbeitsstunden täglich einsparen. Und das gehe alles vom Profit der Globalisierer ab. Außerdem, fügte sie hinzu, habe sie da noch einen Schlüssel, den er vielleicht selber einmal ganz gut gebrauchen könne …❡

Woraufhin sich Anne auf dem Absatz herumdrehte und ging – unter Hinterlassung eines völlig sprachlosen Andrew Espunkts und einer Anstaltspackung Aspirin für die Kollegen. Unten in der Portiersloge half sie dem alten Otto noch ein wenig beim Einpacken seiner Siebensachen und fuhr mit ihm in die Stadt zurück, wo sie ihn zunächst einmal auf ein höchst ausführliches Frühstück ins Café Ludmilla einlud.❡

Beide hatten natürlich keine Ahnung, was sie anfangen würden. Und doch waren sie heilfroh, dass sie Mr. Whole's unsäglichen Morgenandachten und dem Schattenboxen entkommen waren. Im Café Ludmilla erfuhr Anne, dass Otto auch einen Nachnamen hatte, mit dem er nach dem ersten Schokocroissant herausrückte: Frauenschläger. Das sei eigentlich ein alter fränkischer Name, erklärte er ihr. Nach dem zweiten Schokocroissant hatte Anne eine Ahnung davon, wie sehr er unter seinen Namen litt, diesem unseligen Spitznamen vor allem. Und nach dem dritten wusste sie alles über Karl Otto, den sie fürderhin Karlo nannte (was er wunderbar fand) und sie verstand auch,

warum er nie eine Frau bekommen hatte – und dem Bier
mehr zuneigte, als seiner Taille gut tat.❡

„Ich meine, wenn man Karl Otto Frauenschläger heißt,
müsste man doch eigentlich beim Schicksal etwas gut
haben oder nicht?", fragte Karlo. Aber leider denkt das
Schicksal nicht so. *Es hat im Gegenteil die Neigung, immer
noch eins draufzusetzen* – so wie bei Hiob – und einem
armen, ein Meter sechzig großen, in Köln-Erftstadt leben-
den Hausmeister auch noch den Spitznamen *Männeken Piss*
zu geben. Das ist doch irgendwie alles sehr seltsam einge-
richtet.❡

„Wenn Gott auf Erden lebte, würde man ihm sicher
jeden Tag sämtliche Scheiben einschmeißen" – hat Werfel
einmal, in den vierzig Tagen des Musah Dagh, glaube einmal geschrieben. Daran muss ich oft denken, wenn ich
höre, was anderen so alles widerfährt.❡

Hier endet Annes (und Karlos) fix-mist-Geschichte –
das heißt nicht ganz. Denn danach wandte sich eigentlich
alles zu ihrem Besten, und wären diese
Kloschlüssel nicht gewesen, mit denen
alles anfing, wäre alles andere auch nicht
gekommen, woran sich wieder einmal
sehen lässt: *Auch das Schlechte hat sein
Gutes.* Wenn Anne und Karl Otto nicht
an diesem wunderbaren Vormittag im

*Wenn Gott auf Erden
lebte, würde man
ihm sicher jeden Tag
sämtliche Scheiben
einschmeißen.*

WERFEL

Café Ludmilla gefrühstückt hätten, wäre ihr die Anzeige
in der *Zeit* vielleicht nie aufgefallen. Anne übernahm bald
darauf einen kleinen, genau vierzehn Quadratmeter großen
Blumenladen ausgerechnet in Jever, mit dem sie von
Anfang an Erfolg hatte, denn Anne ist ganz einfach nett zu
den Leuten, mit denen sie Platt spricht. Und das kommt in
Plattdeutschland immer noch gut an. Außerdem macht sie

wunderschöne, große Blumensträuße, *für die sie sich Zeit nimmt*, was sich immer auszahlt. Anne arbeitet zwar oft bis in die Nacht hinein, um ihre Pflanzen zu versorgen, aber das sei zehnmal, ach was, hundertmal besser als Schattenboxen! Inzwischen ist Anne sechsundvierzig und sieht, wen wundert's, aus wie höchstens Mitte dreißig. Was unlängst auch ihr Nachbar zur Linken, Apotheker Leuchtweiß, bemerkt zu haben scheint, der in letzter Zeit auffällig oft bei ihr einkauft. Seit er stets frische Blumen auf seinem Tresen stehen hat, habe ich unlängst gehört, ist er auch irgendwie

Apotheker legen sich offensichtlich schon aus Berufsgründen so ein leicht kränkliches Aussehen zu.

umgänglicher geworden und sieht nicht mehr so verstopft aus. Denn Apotheker legen sich offensichtlich schon aus Berufsgründen so ein leicht kränkliches Aussehen zu, so, als könnten sie nur noch mit Bittersalz überleben. Das ist einer der Nachteile bei diesem Beruf, denke ich. Also, für mich wär das nichts. Doch zurück zu Anne und Karlo, denn natürlich ist auch er mit von der Partie: Er fährt für Anne, die er wie eine Heilige verehrt, die Blumen aus und kriegt jede Menge Trinkgeld, wenn er seine Otto-Nummer abzieht, die *Vorne-rund-und-hinten-rund-und-das-in-der-Mitte-sind-die-Hosenträger*-Masche nämlich. ¶

Karlo ist ein glücklicher Mann. Vor allem seit er Mac-Duff adoptiert hat. MacDuff ist ein kleiner und äußerst liebenswerter Mischling aus dem Tierheim, eine höchst interessante Kreuzung aus Dackel, Handfeger und Flokati. Mit MacDuff teilt Otto redlich seine Rente. Angeblich ist MacDuff nicht der Hellste, weil er das Wasser immer so schlecht halten kann, sobald er mit dem Schwanz wedelt (was relativ oft vorkommt). Das ist auch der Grund, weswegen das arme Tier immer wieder im Tierheim gelandet ist. Aber Otto hat erstens noch eine ganze Menge von diesen Raumsprays unterm Sofa eingelagert, so dass es bei ihm daheim stets angenehm nach Lavendel duftet, und außerdem ist er ohnehin fast den ganzen Tag an der frischen Luft mit ihm, Blumen austragen, wobei MacDuff kräftig hilft: Wenn er Männchen macht (das kann er nämlich sehr schön) und einer Dame ein Angebinde überreicht, ist ein gutes Trinkgeld das Mindeste, was er erwarten kann. Manchmal kriegt er sogar ganze Fünf Euro und dann hinterlässt der Flokatihund vor Freude eine kleine Lache im Hausflur. So dumm kann MacDuff also doch nicht sein. Vielleicht beherrscht er nur diese *fabelhafte Stressvermeidungstechnik, die darin besteht, dass man sich ganz einfach dumm stellt?* Wer weiß! (Ich habe MacDuff jedenfalls kürzlich aus dem Kino kommen sehen. Er liebt Kino, hat mir sein Herrchen erklärt, vor allem im Sommer, wegen der Klimaanlage, und wenn er genügend Geld hat, geht er und kuckt sich die Kindervorstellung an.) Zur Zeit versucht Karlo, ihm noch beizubringen, wie man an einer Haustür klingelt, nur hat er damit wenig Erfolg. Nicht etwa, weil es mit dem Lesen der Klingelschilder hapert. MacDuff kann jedenfalls sehr wohl zwischen einer Packung Caesar und einem von diesen No-name-Produkten unterscheiden, die genauso aufgemacht sind. Nein, der Grund dafür ist: MacDuff ist nicht groß genug. Er kommt einfach nicht ran an die Klingelschilder. Und da man *gewisse Dinge als gegeben hinnehmen muss, weil man sie nicht ändern kann – die Körpergröße zum Beispiel – nützt es auch nicht viel, sich deswegen einen Kopf zu machen.* Das ist einer der Gründe, warum Karlo und MacDuff ein so gutes Gespann sind. Wichtiger aber scheint noch: Beide wissen, was es bedeutet, klein zu sein. Und einsam. Und den ganzen Tag über in einem Käfig zu sitzen. Egal ob dieser Käfig nun als Käfig bezeichnet wird, als Portiersloge oder als Großraumbüro ...❡

Karlo trägt übrigens, ebenso wie MacDuff, noch heute einen dieser Kloschlüssel als Talisman um den Hals. Damit habe alles angefangen, erklärt er, wenn man ihn daraufhin anspricht. Jedem, der sie hören will, erzählt er die lange Geschichte vom Aufstieg und Fall der Firma Sprüfix: Es gibt immer eine Lösung, sagt er und er fügt auch stets nicht ohne eine gewisse Befriedigung hinzu, dass fix-mist Inc. kurze Zeit später trotz Morgenandacht und Schattenboxen den Bach hinunterging (Inc., diesen Verdacht muss man haben, steht offensichtlich für Incompetence). Die letzten Sprühdosen hat Andy Espunkt, wie man hört, an den Wuppertaler Zoo zu verkaufen versucht, weil es da immer so streng riecht. Aber da wollte sie auch keiner, „wegen dem Ozonloch".❡

Zwei Dutzend verblüffend einfache Methoden, um mit jenen Zeitgenossen klarzukommen, die sich ihren Stress selber machen. Und die überdies so viel davon produzieren, dass auch für uns noch was übrig bleibt

Sie kennen ihn sicher alle, den Hektiker, der nicht eher ruht (wenn er denn überhaupt jemals ruht), bevor er seine komplette Umgebung auf die Palme gebracht hat. Soziologen und Mediziner sind irgendwann übereingekommen, die Leute, die sich ihren Stress im *Do-it-yourself-Verfahren* selber machen, als *Typ-A-Menschen* zu bezeichnen, als *Typ-B-Menschen* hingegen diejenigen, die mit dem Stress in ihrem Leben ganz gut zurechtkommen. Und die vor allem nicht dazu beitragen, ihn zu erhöhen, während der A-Typ sich offensichtlich einen *Sport* daraus macht, andere in seine Chaosszenarien mit einzubeziehen. Mit A-Typen ist nicht gut Kirschen essen und ein ausgesprochener Pech-vogel ist, wer einen zum Chef hat, der zu dieser leider weit verbreiteten Sorte Mensch gehört.❡

A-Typen sterben, das ist statistisch erwiesen, gern an Herzinfarkt oder irgendwelchen Gefäßgeschichten. B-Typen, die im Laufe der Zeit ihre eigenen Stressbewäl-tigungstechniken entwickelt haben, unterliegen einem weitaus geringeren Risiko, einen Herz-kasper zu entwickeln oder vom Schlag getroffen zu werden als Typ-A-Menschen. Die Normalsterblichen würden am aller-liebsten die Typ-A-Menschen dahin schicken, wo sie zwei-fellos am besten aufgehoben wären, auf den Mond nämlich. *Ohne A-Typen ginge es nämlich ganz gemütlich zu auf diesem Globus.*❡

Ohne A-Typen ginge es nämlich ganz gemütlich zu auf diesem Globus.

Irreführenderweise werden A-Typen oftmals auch als „Dynamiker" bezeichnet, ein Begriff, der durchaus positiv besetzt ist. Aber schauen wir einmal genau hin.❡

Dynamiker sind in der Regel „wettbewerbs- und karrie-reorientiert", wie es in der einschlägigen Literatur verhül-lend heißt. Tatsächlich haben diese Dynamiker in etwa so viel soziale und emotionale Intelligenz wie *Billy the Kid*, aber das sagen die in diesen Büchern nicht so deutlich. Auch steht die Leistung, die A-Typen erbringen, oft in einem bedenklichen Missverhältnis zu ihrem Selbstbild. Das heißt im Klartext: Als A-Typen bezeichnet die Wissen-schaft inzwischen jene Nadelstreifenfuzzis, die alles ganz genau wissen und die auch ihre visionären (frech als „Philo-sophie" bezeichneten) Ziele um jeden Preis durchzusetzen versuchen. Sie stellen „hohe Ansprüche an sich selbst und an andere", arbeiten unermüdlich und erledigen alles *sofort*. Zumindest versuchen sie das. Nach dem ersten Herzinfarkt merken sie dann, dass sie an ihrer Arbeitstechnik etwas ändern und das eine oder andere dazulernen müssen. Delegieren zum Beispiel, das fällt ihnen besonders schwer – weil sie anderen außer der Verwaltung der Portokasse und anderem täglichen Kleinkram nichts so recht zutrauen.

Das einzige Vergnügen, denen Typ-A-Menschen sich hingeben, ist die Klage über die angebliche Dummheit ihrer Mitarbeiter. Darüber verbreiten sie sich nur allzu gern und auch höchst ausführlich, weil sie daraus mit einiger Logik folgern können, was für tolle Hechte sie selber sind. Und dass ohne sie alles, aber auch alles zusammenbrechen würde.

Mein Großvater Brahm machte sich seine eigenen Gedanken über diejenigen seiner Patienten, die sich stets über die Inkompetenz anderer zu beklagen pflegten und die von ihrer Unersetzlichkeit überzeugt waren wie der heilige Paulus vom Evangelium.

Irgendwann wurde es selbst meinem geduldigen Großvater zu viel, als ihm ein Geschäftsmann immerzu etwas von der „Inkontinenz" seiner Angestellten vorklagte. „Außer seinen Flatulenzen", vertraute mein Großvater seiner Louise an, „außer seinen wirklich großartigen Blähungen hat das arme Schwein wahrscheinlich überhaupt keine Freude mehr am Leben."

Außer seinen wirklich großartigen Blähungen hat das arme Schwein wahrscheinlich überhaupt keine Freude mehr am Leben.

Wenn Jens-Christian Brahm solche Sätze mit unbeweglicher Miene vorbrachte, dann explodierte alles vor Lachen.

Obwohl ihm manchmal selbst gar nicht danach war. Denn A-Typen ist kaum zu helfen. Sie sind von ihrer Effizienz überzeugt, aber leider setzen sie mehr in den Sand, als allen Beteiligten lieb sein kann. Meist wächst da erst einmal eine ganze Weile kein Gras mehr. ❡

Doch im Laufe der langen Evolution des Kotzbrockens als solchem hat dieser Menschenschlag seine eigenen Techniken entwickelt, Misserfolge als Erfolge auszugeben – und mit Nullwachstum oder auch Wachstumspause den Zustand zu bezeichnen, der kurz vor dem Exitus einer Firma (oder eines Gemeinwesens) eintritt. In jeder Vorstandssitzung, in jedem Wahlkampf haben wir immer wieder aufs schönste Gelegenheit, dies zu beobachten. Typ-A-Menschen und andere „Klouchschiter" (wie mein Großvater sie nannte) treten ungemein selbstbewusst auf, was niemanden darüber hinwegtäuschen darf, dass sie besser eine Karriere als Schauspieler angestrebt hätten. Einen Teil ihres Selbstbewusstseins beziehen sie nebenbei bemerkt aus ihrem Outfit oder ihrer Kostümierung: Es ist doch immer wieder erstaunlich zu sehen, wie viel leichter es sich zum Beispiel lügt, wenn man sich eine Krawatte für 300 Euro um den Hals knotet statt so eines ordinären Schlipses von C&A. ❡

A-Typen glauben an Rhetorik und an positives Denken und vor allem *an sich*. Selbstkritik oder gar Selbstironie gehören nicht zu den Dingen, die sie wertschätzen, was mich stets an Goethes feine Beobachtung erinnert, dass „gewiss nicht zu den Besten (gehöre), wer sich nicht selbst zum Besten halten kann." ❡

A-Typen beherrschen perfekt die Kunst des Schaumschlagens und meistens kommen sie damit ziemlich weit. Jedenfalls traut ihnen das tumbe Volk denn auch leider mehr an Führungseigenschaften zu, als ihnen selbst (und leider auch uns) gut tut.❡

Was man dagegen machen kann? Nicht viel, fürchte ich. Denn A-Typen sterben nicht aus. Es ist schon frustrierend, aber Mangel an „Nachwuchsarmleuchtern", wie mein Großvater sie nannte, hat es noch nie gegeben. Wer über den Dingen stehen will, hält sich am besten da raus und lässt diese Leute ihre Sandkastenspiele allein spielen. Man sehe nur zu, dass sie's nicht zu arg treiben. Wer sich da einmischen will, braucht schon eine Menge Zivilcourage und leider muss ich Ihnen mitteilen, dass man sich schon bei dem Versuch ziemlich schnell eine blutige Nase holt. Denn mit A-Typen ist nicht zu spaßen.❡

Sie sind überhaupt ganz leicht daran erkennbar, dass ihnen Humor weitgehend abgeht. Und dass sie stets das letzte Wort haben, schlecht zuhören können, andere dauernd unterbrechen und versuchen, sie mit schnellen Gegenfragen aus dem Konzept bringen. Ihre Aussprache ist meist schlampig und schwer verständlich, dafür aber laut. Immerhin.

A-Typen sind überhaupt ganz leicht daran erkennbar, dass ihnen Humor weitgehend abgeht.

Kleiner Tipp am Rande: Oropax ist eine gute Alternative, wenn man diesen Typen nun gar nicht aus dem Weg gehen kann – was mich an eine etwas peinliche Geschichte erinnert, in der unser Ältester wieder einmal eine leider allzu große Rolle spielte. Er hat ständig irgendwelche Einfälle, ob derer ich dann stets zum Schuldirektor zitiert werde, wo ich mir jeweils einen mindestens halbstündigen Vortrag darüber anhören darf, was ich alles falsch mache. Das ist immer sehr erbaulich. Mein Mann neigt dazu, Christians eigenwillige Ideen für einen Ausdruck seiner Kreativität zu halten, aber ich weiß nicht so recht. Die meisten seiner Ideen sind für mich Ausdruck überwältigender *Faulheit*. Man macht schon was mit, sage ich Ihnen. Denn nicht immer sind Christians Einfälle ganz so harmlos wie in dieser Geschichte, die ich Ihnen lieber selbst erzähle, bevor Sie von anderer Seite davon erfahren. Unser Sohn hatte von einem Bauunternehmer, mit dem wir sehr befreundet sind, einen ganzen Satz von diesen kopfhörerähnlichen Ohrenschützern besorgt, wie sie die Leute tragen, die mit schweren Baumaschinen oder Press-lufthämmern arbeiten. Damit stattete er eines schönen Morgens all seine Klassenkameraden aus, bevor der neue Referendar, ein Herr D. Zibel (Name geändert), die Klasse betrat. Dieser bedauernswerte Mensch schien das, was ihm an Didaktik abging, mit dem Einsatz seines außergewöhn-lich lauten *Organs* wettmachen zu wollen. Nach Christians Aussage brüllte er herum wie ein Spieß auf dem Kasernen-hof, aber bitte – Objektivität kann man hier natürlich nicht erwarten. So sah sich also der arme Mensch mit einer Klasse konfrontiert, die, was sicher sehr nett aussah, geschlossen diese Ohrenschützer trug und ihm aufmun-ternd zulächelte.¶

Der Erfolg war überwältigend. Der Symbolcharakter dieser Maßnahme ging selbst Herrn Zibel auf und seither bemüht er sich offensichtlich um Haltung. Christian fand, als ich ihn wegen dieser Sache zur Rede stellte, dass er dar-in nichts weiter als seinen pädagogischen Auftrag gesehen habe (!!) und dass auch *jüngere Leuten älteren zuweilen zu ver-stehen geben sollten, dass Letztere auf dem falschen Dampfer sind. Sonst ändert sich ja nie was.* Man erweist ihnen reali-stisch betrachtet einen Dienst damit. Und der Erfolg gebe ihm doch eigentlich recht oder? Na ja. Ich gebe zu, dass zuweilen ein relativ harmloser Streich wie im vorliegenden

Fall selbst Typ-A-Menschen zur Räson zu bringen imstande ist, aber zur Nachahmung seien derlei Dinge hier natürlich nicht empfohlen. Jedenfalls nicht so direkt. Oder doch? Inzwischen bin ich mir da gar nicht mehr so sicher. *Symbolhafte Handlungen bergen vielleicht doch die Möglichkeit einer Besserung. Obwohl man schon Mut braucht und Phantasie, um die Grenze, die zu einer Eskalation des Problems führen würde, nicht zu überschreiten.*

Lassen Sie mich Ihnen noch eine Geschichte erzählen. Meine Cousine Charlotte arbeitet in der Redaktion einer Tageszeitung und da, sage ich Ihnen, brennt die Luft. Kleine Explosionen und hin und wieder auch ein paar Verpuffungen gehören dort offensichtlich zur Tagesordnung. Nun hat unsere Charlotte, die ein sanfter, freundlicher Mensch ist, damit ein echtes Problem. Aber seit sie sich an Tristan Niemöllers Sache mit den Villosa-Bonbons erinnerte, hat sich ihr „Stresslevel" (wie Peter das nennt) um die Hälfte reduziert. Charlottes Bonbontechnik ist verblüffend einfach: Vor Jahren hat sie in einem Reformhaus Kräuterbonbons mit Baldrian entdeckt – und davon drückt sie erst einmal jedem eines in die Hand, der sie mit einem nicht sofort lösbaren Problem konfrontiert. Auch bietet sie jedem, der sie anschnauzt, erst mal ein Bonbon an, wickelt dann bedächtig eines für sich selbst aus, zutschelt ein wenig daran herum und *reagiert erst nach wenigstens zehn Atemzügen.* In ganz schlimmen Fällen vergibt sie Tütchen mit Baldriantee, von denen sie stets welche in ihrer Handtasche mit sich herumträgt. Das wirkt immer: Wenn eine ganz linke Bazille sie anfällt, legt Charlotte ein solches Tütchen auf den Schreibtisch ihres Gesprächspartners und verschafft sich erst mal einen eleganten Abgang mit Kommentaren wie: „Vielleicht reden wir später noch mal drüber, wenn Sie eine ruhige Minute haben." In ganz schlimmen Fällen, wenn sie wirklich sprachlos ist, flieht sie: „Es tut mir Leid", sagt sie dann und steht auf, „aber ich muss mir leider die Hände waschen. Ich muss mir leider ganz unbedingt und *dringend* die Hände waschen", eine Formulierung, die ihre Wirkung selten verfehlt, da sie so wohlerzogen klingt. Vor so viel *savoir vivre* schlagen die meisten Typ-A-Menschen schon mal innerlich die Hacken zusammen. *Gutes Benehmen verbunden mit einer tadellosen Haltung beeindruckt immer.*❡

Das weiß Charlotte nicht erst, seit die Moshe Feldenkrais *Bewusstheit durch Bewegung* gelesen hat. Leuten, die ihre Chicken McNuggets wahrscheinlich direkt aus einer McDonald's-Tüte futtern und die schätzungsweise zum Naseputzen kein Taschentuch brauchen, kann man mit Haltung immer imponieren. A-Typen, das ist einer der Schlüssel zu ihrer etwas verqueren Psyche, führen selten etwas anderes als das, was die Amerikaner *low life* nennen. Das heißt, wenn diese Junkies überhaupt gelernt haben, mit Messer und Gabel zu essen, so haben sie gründlich verdrängt, was ihre Mütter ihnen beigebracht haben. Tadellose Manieren gemahnen sie stets an das, was sie eigentlich sein könnten, wenn sie nicht in einem entscheidenden Moment die falschen Weichen gestellt hätten.❡

Wenn Junkies überhaupt gelernt haben, mit Messer und Gabel zu essen, so haben sie gründlich verdrängt, was ihre Mütter ihnen beigebracht haben.

Wenn Charlotte mal dringend Hände waschen muss, geht sie wirklich erst einmal dahin, wo selbst der Kaiser zu Fuß hingeht, und atmet tief durch. Manchmal geht sie dann wieder zurück in die Höhle des Löwen, manchmal nicht, das kommt ganz darauf an. Dafür gibt es keine Regel, zuweilen muss man auch abwarten können.❡

Allerdings muss ich zugeben, dass Charly sich das auch erlauben kann. Denn sie ist wirklich unersetzlich. Inzwischen liegen die Dinge etwas anders: Jeder fürchtet um seinen Job und hat leider auch allen Grund dazu. Charlottes Konfliktvermeidungstrategien sind also nur noch bedingt einsetzbar. Heute bleibt einem wohl nicht viel anderes übrig, als A-Typen nach Möglichkeit aus dem Weg zu gehen. *Denn die A-Typen sind heutzutage – Insekten nicht unähnlich – weitaus aggressiver, als sie vor zehn, fünfzehn Jahren noch waren. Heute findet sich nicht mehr so leicht ein anderer Job und diese traurige Wahrheit ist etwas, was allenthalben, aber auch wirklich überall, für eine ganz neue Art von Stress sorgt. Seit globalisiert wird, geht die Angst um.* ❡

Charlotte hat übrigens, bevor sie zur Zeitung ging, zunächst ein paar Jahre lang Schauspiel studiert. Das kommt ihr heute sehr zugute, auch wenn sie sich, wie sie findet, damit in eine berufliche Sackgasse begeben hat. „Man kann im Grunde alles, was man jemals gemacht hat, später mal gebrauchen, selbst der ärgste Bockmist ist noch als Dünger verwendbar." Das zumindest behauptete unsere Großmutter Sophie-Louise. Ich weiß noch, dass sie uns damals Johanna Spyris *Heidi* vorlas. An „Heidi kann brauchen, was es gelernt hat" erinnern wir beide uns noch ganz genau. So hilft Charlottes schauspielerisches Talent ihr durch so manchen Engpass. Wenn sie in ihrer Redaktion den Spitznamen *Iron Lady* hat, dann nur deswegen, weil sie die Gelassene wenigstens *spielt*, so sie nicht wirklich gelassen sein kann. ❡

Wie nützlich dieses Talent ist, ging mir kürzlich auf, als ich Zeuge einer ziemlich interessanten Interaktion zwischen dem Rottweiler meines Nachbarn Karl und unserer

Selbst der ärgste Bockmist ist noch als Dünger verwendbar.

116

kleinen Katze wurde, die uns kürzlich zulief und der unsere Maxie den leicht unpassenden Namen *Bambi* gab. Wenn er Bambi nur von ferne gewahrt, gerät besagter Rottweiler außer Rand und Band. Ich befürchte immer, dass ihn eines Tages wirklich der Schlag trifft, so sehr regt er sich auf. Crassus (Name geändert) ist eine A-Typ-Töle. Eigentlich ist er kein schlechter Kerl, aber sobald es um Miezen geht, hat er sich wenig im Griff. Hierin weist er so einige Gemeinsamkeiten mit diversen Machos auf, aber darauf will ich jetzt nicht weiter eingehen. Er bellt sich fast die Lunge aus dem Leib, wenn unsere kleine schwarze Katze hoch oben über den Zaun spaziert, den Schwanz keck in die Höhe gereckt und den hübschen, schneeweißen Allerwertesten der Wildsau da unten zugewandt.

So muss man's machen. Im Umgang mit Wildsäuen kann man durchaus etwas von so einer Hand voll Katze lernen. Sie wiegt kaum mehr als ein Pfund, aber vielleicht haben gerade die Kleinen das besondere Talent, mit Kotzbrocken jeder Couleur klar zu kommen. Bambis Technik ist im Grunde ganz einfach: Man begebe sich in sichere Entfernung, ignoriere den A-Typen, der einen da anbellt, *tue so*, als sei man ganz gelassen, obwohl's gar nicht stimmt, und zeige, wenn es Not tut, die Rückseite. Dann heißt es nur noch aussitzen, warten, bis der Rottweiler müde ist, und danach zuschlagen. *Man muss warten können, bis der richtige Zeitpunkt gekommen ist,* und sollte nie etwas übers Knie brechen. Wenn Crassus sich erschöpft in seine Hütte verzieht, *geht Bambi auf leisen Pfoten genau dahin, wo sie will.*

Es ist noch nicht allzu lange her, da überlegte ich, wie ich mit einem ziemlich harten Brocken von Zeitgenossen fertig werden sollte, als sich Crassus wieder mal aufs Bellen verlegte. Ich saß gerade bei einer Tasse Tee und führte eine stummes Zwiegespräch mit meinem Heizlüfter, dem aber auch keine Lösung einfiel. Sich zu erhitzen macht jedenfalls nur Sinn, wenn man ein Heizlüfter ist. In meinem Fall war aber eher das Gegenteil angezeigt, wenn ich es nicht zu einer Eskalation kommen lassen wollte.¶

Als Crassus zu bellen anfing, ging ich zu Nachbars hinüber, in dem Bemühen, schlichtend einzugreifen – doch dann wurde ich Zeuge dieser herzerwärmenden Bambiszene. Da lief unser Waisenkätzchen ganz cool mit höchst blasierter Miene auf dem Gartenzaun als Catwalk auf und ab.¶

„Kuck an", sagte ich mir. „Das ist vielleicht die Lösung."¶

Gespielte Gelassenheit war dann auch wirklich die Lösung in meinem Fall, obwohl ich eigentlich gar keine rechte Lust dazu habe, ihnen die Geschichte zu erzählen. Denn ich vergesse gern solche dummen Geschichten und habe immer gefunden, dass das eine exzellente Methode ist, um vorzeitigem Altern entgegenzuwirken – mir reichen nämlich schon die christianbedingten Sorgenfalten, die sich in meine Stirne gebrannt haben und nicht mehr daraus weichen wollen. Da helfen alle Masken nichts.¶

Gespielte Gelassenheit war dann auch wirklich die Lösung in meinem Fall.

Hier also in Kürze das Wichtigste: ein Kunde, zu allem Unglück noch ein Jurist des Typus Wadenbeißer, hatte versucht, mich zu zwingen, ihm meinen lieben alten Lesesessel zu verkaufen, den ich von meiner Großmutter geerbt hatte und den ich für ein paar Wochen im Schaufenster dekoriert hatte. Irgendjemand hatte aus Versehen mit einer Nadel einen Preis daran gepinnt, als er ein Buch aus dem Schaufenster nahm und es verkaufte. Neunundneunzig Euro stand ziemlich deutlich an diesem Biedermeiersessel, für dessen Restaurierung ich gerade 1000 Euro bezahlen musste. 1000 Euro, die ich wohlgemerkt nicht übrig habe, heute ebenso wenig wie damals, jedenfalls nicht von dem, was ich mit der Buchhandlung verdiene. Drei Jahre musste das liebe alte Stück auf dem Dachboden stehen, weil es in dem kalten Winter nach dem Tod meiner Großmutter eine vielköpfige Marderfamilie als Wohnung erkoren hatte. Als sie endlich auszog, waren alle Sprungfedern zum Teufel und unser Knurz, ein nicht ganz reinrassiger Basset (das Ergebnis eines *joint venture* zwischen einer Cockerdame und einem von diesen treuherzigen Hush-Puppy-Hunden) versuchte nach diesem Winter wieder einmal, darin seinen Rausch auszuschlafen – doch er fiel durch, weil er dem Alkohol öfter zuspricht als seiner Linie gut tut und ich musste das arme Tier mit der Drahtschere aus seiner Lage befreien. Knurz hat nämlich, wie Bailey auch, mit dem er inzwischen eng befreundet ist, ein massives Alkoholproblem und seit kurzem gehen die beiden auch gemeinsam auf Sauftour. Bailey kennt nämlich all die Stellen, wo er was kriegt und Knurz, nicht faul, folgt ihm mit erstaunlicher Hurtigkeit auf Schritt und Tritt, wenn ich ihn nicht ab und zu zur Ausnüchterung auf den Dachboden sperre. Jetzt lässt er sich von unserer Maxie auf unserer alten Hollywoodschaukel in den Schlaf wiegen – sie hat sich vorgenommen, ihn trocken zu kriegen und hat es auch fast geschafft: sie erzählt ihn ihre Märchen nach, wobei sie geflissentlich all die Geschichten weglässt, in denen Wein oder andere Alkoholika vorkommen, weswegen *Rotkäppchen, Knüppel aus dem Sack* und die *Bremer Stadtmusikanten* schon mal wegfallen. Doch zurück zu dem Sessel, um den es hier eigentlich geht: es ist Großmutters wunderbarer Lesesessel, der nun wieder dort steht, wo er hin gehörte –

119

neben dem (ebenso restaurierungsbedürftigen) Sekretär meiner Großmutter nämlich. Wie oft habe ich sie darin sitzen sehen, Socken stopfen mit in ihrem geliebten Karl Förster („Es wird durchgeblüht") stets griffbereit. Manchmal, wenn der Großvater krank war, hat sie ihm aus Fontanes *Stechlin* vorgelesen. Und wenn es Sophie-Louise einmal nicht gut ging, hat wiederum Krischan diesen Platz eingenommen und ihr stundenlang aus Strittmatters *Laden* vorgelesen. Und wehe, wenn er dabei eine Passage übersprang! Dass es mit ihr zu Ende ging, haben wir daran gemerkt, dass sie Strittmatters „Vor der Verwandlung" wieder und wieder hören wollte, da wussten wir, es ist Zeit, Pastor Hansen zu holen... ¶

Großmutters Sessel, den ich nicht einmal für 10 000 Euro hergegeben hätte, wollte nun dieser Winkeladvokat für nicht mal 100 Euro ausgehändigt haben. Er spie Gift und Galle, drohte mit juristischen Konsequenzen, sogar mit Polizei, wenn ich ihm nicht „sofort und unverzüglich" Folge leiste. Ich atmete tief durch, stellte die Ohren auf Durchzug, schloss die Augen halb, was immer gut kommt, weil es so wunderbar arrogant wirkt und bat unseren Kunden, dieses Lokal doch bitte zu verlassen und zwar möglichst *flott*. „Das wird Folgen haben", drohte er und seine Bombe schwoll auf die Größe eines Medizinballs an. Drei Tage später kam auch tatsächlich ein bitterböser Brief aus seiner Kanzlei. Außerdem wurde ich mit Anrufen bombardiert, die im wesentlichen seine unverbrüchliche Freundschaft mit dem Bürgermeister dieses Städtchens und dem Chef des Fremdenverkehrsamtes zum Inhalt hatten. All diesen Honoratioren habe er bereits mein Verhalten zur Kenntnis gebracht – angeblich werde meine Kreditlinie demnächst kontrolliert, auch werde man von Seiten der Stadt jetzt ein

120

Auge auf meine freizügig ausgelegten Ladenöffnungszeiten haben etc .etc. – mir schwoll der Kamm! Ich will's kurz machen oder, sagen wir, jedenfalls nicht länger, als unbedingt nötig.⁋

Ich brütete an jenem Nachmittag über dem Brief, den ich fristgerecht zu beantworten hatte, wenn ich nicht ein Versäumnisurteil bekommen wollte, als ich Zeuge der oben näher beschriebenen Szene zwischen Crassus und Bambi wurde. Ich lachte und hatte plötzlich die Lösung: auf ein Blatt Papier, das ich liebevoll mit einem Fettfleck und einem Eselsohr dekorierte, schrieb ich genau zwei Zeilen:

1. § *XY b, Absatz 3, HGB*
2. *Dr. X von Y , Tel.Nr. 0981·Xy* etc. pp
Mfg
Ema

Punkt 1 bezieht sich auf einen Paragraphen, der im Falle eines Fehlers bei der Preisauszeichnung den Geschäftsinhaber von der Verpflichtung befreit, die Ware zu diesem Preis herzugeben und Punkt 2 bestand aus der Telefonnummer eines befreundeten Psychiaters, dessen Hilfe Crassus (Name geändert) meines Erachtens dringend benötigte.⁋

Gelassenheit kann man durchaus vortäuschen. Auch wenn es schwer fällt, sollte man immer und unbedingt versuchen, sich nicht provozieren zu lassen und – solange der Puls noch rast – nie, nie, nie zu Reaktionen herausfordern, die man später, wenn die Wirkung des Adrenalins nachlässt, zu bereuen hat. Man beachte Tristan Niemöllers „Faustregel": Nichts tun, solange die Hände – kampfbereit – geballt sind oder auch nur die Knöchel weiß hervortreten. Was man dann tut, bereut man später stets.

Wichtig ist: Man lerne, vor allem in Konfliktsituationen tief durchzuatmen. Darüber gibt es jede Menge Bücher, die ich Ihnen hier nur wärmstens empfehlen möchte, denn sie sind der Schlüssel zur Ruhe.

Man sage das, was man zu sagen hat, mit entnervender Langsamkeit.

Man vergesse also nicht zu atmen, atme vor allem aus und atme nochmals und nochmals und nochmals und ... wenn man dann überhaupt noch findet, dass ein verbaler Gegenschlag nötig ist, dann sage man, was man zu sagen hat, mit *entnervender* Langsamkeit. Theoretisch weiß das jeder, aber kaum einer, den ich kenne, macht das wirklich.

Unser Altbundeskanzler Schmidt, der ein genialer Taktiker war und meines Erachtens stets über allen Dingen stand, sprach in schwierigen Situationen stets langsam und bedächtig. Und dann hatte er noch diese Eigenart, an Leuten, die er nicht mochte, vorbeizuschauen und beim Reden den Kopf immer abwechselnd nach rechts oder nach links zu drehen in einem Winkel von fast hundertachtzig Grad, den eigentlich nur Schleiereulen draufhaben – erinnern Sie sich noch daran? Ich fand das immer ein kleines bisschen arrogant, *aber genial!*

Aber apropos Helmut Schmidt: Typ-A-Menschen sind übrigens *nicht – das sei hier ausdrücklich betont –* mit einer ganz ähnlich klingenden Kategorie identisch, die sich Biologen und Verhaltensforscher ausgedacht haben: So ist mit an Sicherheit grenzender Wahrscheinlichkeit das *Alpha-Tier* in einer Löwenherde zum Beispiel, der Boss also, *kein* A-Typ.

Dass es Menschen mit exzellenten Führungseigen-schaften gibt, wird hier – wohlgemerkt – nicht in Abrede gestellt. Aber Vorsicht: Hektiker – bei denen Selbstüber-schätzung und Inkompetenz nur in seltenen Fällen zu etwas anderem als Chaos führen, *sollte man auf keinen Fall mit jenen echten Kreativen verwechseln, die abwarten können, ihre Kräfte richtig einschätzen und zur richtigen Zeit und am richtigen Ort handeln.*

Noch etwas ist wichtig: A-Typen sind oftmals Wor-koholics, aber nicht alle, für deren Arbeitszeiten der Durchschnittsbürger kein Verständnis aufbringt, sind Typ-A-Menschen, die mit dem, was sie sich da aufbürden, nicht zurande kommen. Nicht alle Perfektionisten sind A-Typen. Auch gehören die als *Controllfreaks* Deklassierten nicht unbedingt in dieselbe Schublade.

Warum? Weil es Menschen gibt, die so kreativ sind, dass sie all ihre Kräfte zusammennehmen müssen, um das, was sie realisieren wollen, auch tatsächlich in die Tat umsetzen zu können. Für schöp-ferische Menschen ist das alles eins: kön-nen, wollen, müssen. Für sie ist Talent Verpflichtung. Sie müssen, weil sie es kön-nen, sie wollen es, weil sie es müssen, sie können es auch, weil sie es müssen. Das klingt jetzt vielleicht verwirrend, aber es ist im Grunde ganz einfach.

Für schöpferische Menschen ist das alles eins: können, wollen, müssen.

Wer ein Ziel vor Augen hat, eine Idee, die er umsetzen will, von dem fällt all der tägliche Kram, der anderen so zu schaffen macht, ab wie die Niederlande von Spanien. Kurz: Kreative Feuerköpfe, die alle Hilfe, die sie bekommen können, auch brauchen, darf man auf keinen Fall mit echten A-Typen verwechseln, die nur viel Wirbel (vor allem aber anderen das Leben schwer) machen. Daran kann man die beiden Typen am besten unterscheiden: Der *echte Kreative lässt seine Nebenmenschen immer in Ruhe*, weil er alle Konzentration für das wirklich Wichtige braucht, während der Controllfreak alle auf die Palme bringt.❡

Dass sich A-Typen natürlich gern als Bosse aufspielen, sollte niemanden darüber hinwegtäuschen, dass ihnen diese Rolle nicht zusteht. Wer richtig hinschaut, hat bald raus, wer die Blender sind und wer die Mitläufer. Echte Alpha-Tiere zeichnen sich hingegen durch souveräne Gelassenheit aus, manchmal auch, vor allem in kreativen Phasen, durch leichte geistige Abwesenheit.❡

Hindert man einen Kreativen am Arbeiten, kann er durchaus gereizt reagieren, auch hier muss man unterscheiden. Mein Großvater zum Beispiel war ein überaus ausgeglichener Typ B, der stets über den Dingen zu stehen schien, doch er konnte seine Enkel ganz schön anschnauzen, wenn wir ihn – mit selbst gebauten Musikinstrumenten zum Beispiel – am Denken hinderten. Ich erinnere mich noch, dass mein Cousin Harry, der diverse Lautsprecher und Tonbandgeräte auf dem Flohmarkt erstanden hatte, aus einem alten Radio und etwas, das aussah, als könnte es mal ein Rasierapparat gewesen sein, ein Mikrophon gebastelt hatte. Es sollte sich dann herausstellen, dass es sich auch *tatsächlich* um einen Rasierapparat handelte, was für zusätzlichen Stress sorgte. Mein Großvater benutzte das Teil zwar nicht, weil er nur an Nassrasur glaubte und nach Möglichkeit den Dorfbarbier aufsuchte, wo er denn auch gleich das Neueste erfuhr, aber trotzdem war dieser Rasierapparat kein herrenloses Gut. Als Harry sein Open-Air-Konzert im Garten gab und sehr zu unserer aller Freude *Love me tender* in dieses Krups-Teil röhrte, war plötzlich der Ofen aus. Die Hunde verkrochen sich jaulend ins Haus, die

Katzen waren tagelang nicht auffindbar und unser lieber Esel, der nicht fliehen konnte, hatte die Ohren eingeknickt, die er erst nach Wochen vorsichtig und zunächst auch nur versuchsweise wieder aufstellte (daher wahrscheinlich der Ausdruck: „Kannste knicken", der seither unsere deutsche Sprache bereichert).

Mein Großvater ließ damals ein solches Donnerwetter los, dass der Kalk von der Wand rieselte. Harry behauptet, unser Großvater habe ihn so *angebrüllt*, dass die Segelohren, die er bis dahin gehabt habe, sich auf wunderbare Weise an seinen Kopf geschmiegt hätten, wo sie fürderhin denn auch geblieben seien. Ich glaube die Story zwar nicht so ganz, aber ich kann mich an Harry vor dieser Elvis-Pressluft-Szene nicht erinnern (so heißt – im Familienjargon – Elvis bei uns seither). Er behauptet, dass er mit diesen Segelohren ausgesehen habe wie ein naher Blutsverwandter von Prinz Charles, ja, wenn diese Pressluft-Geschichte nicht gekommen wäre, hätte er möglicherweise eine Karriere als Prinzendouble angestrebt. So wurde er eben Jurist. Da sieht man mal, von welch seltsamen Zufällen unser Leben regiert wird … (Vielleicht hätte ein gelegentliches Anbrüllen bei Harrys äußerst blaublütigem Doppelgänger ja auch etwas genützt, aber es hat wohl keiner gewagt, *Tacheles* mit ihm zu reden. Dann wäre das, was unerschrockene Literaten auch zuweilen als „königliche Psychokacke" bezeichnen – das ist bitte sehr nicht mein Stil! – vielleicht anders verlaufen – wer weiß? Wir werden's nie ergründen.)

Diese Pressluft-Geschichte ist jedenfalls kein Hinweis darauf, dass Jens-Christian Brahm ein A-Typ war. Ganz und gar nicht. Er hat nur, als Harry das Mikro ausprobierte, vor Schreck eine Petrischale mit einer Bakterienkultur fallen lassen, die vielleicht wichtig gewesen wäre. Aber sie war unwiederbringlich verloren. Wer weiß, vielleicht hätte Jens-Christian, wäre die Sache anders gekommen, ein Mittel gegen diesen hinterhältigen Kastanienpilz entdeckt, der gerade so vielen Bäumen diesseits und jenseits des großen Teichs den Garaus macht? Botanik war nämlich seine heimliche Passion und daran forschte er damals gerade. Vielleicht könnten wir heute alle ganz gut leben von Großvaters Entdeckung und ich müsste mir hier nicht mit einer Wärmflasche im Kreuz sitzen und mit eiskalten, ungelenken Händen an diesem Laptop sitzen, damit wir die Raten für diesen Eiskeller, den wir bewohnen, abzahlen können. Wenigstens gibt dieses Teil ein paar Kalorien ab, das ist schon mal ein deutlicher Fortschritt gegenüber meiner alten Olympia-Reiseschreibmaschine, die aber zum Schluss nicht mehr ging, weil sie statt „h" immer ein „s" schrieb. Damit verhaut man jeden Text.⁋

Kreative Feuerköpfe, das sei hier noch hinzugefügt, kann man also getrost heiraten. Man kann nicht nur, man sollte sogar, denn sie brauchen dringend jemanden, der ihnen die Socken sortiert. Mein (Nenn-)Onkel Jan-Willem van Köping zum Beispiel hat ein echtes Problem, zwei zueinander passende Strümpfe anzuziehen. Er ist nämlich Junggeselle und *kreative Leute sind selten zur Konzentration auf ganz banale, alltägliche Dinge imstande.* Sie ähneln in dieser und in vielerlei anderer Hinsicht Verliebten, die bekanntlich öfter mal die Suppe versalzen. Das ist übrigens gar nicht so abwegig. Denn wenn der Geist auf ein Ziel gerichtet ist, wird es auf einmal – zumindest für den Koch – unwichtig, ob man zum Beispiel Mondamin anrührt oder ob man ver-

Kreative Leute sind selten zur Konzentration auf ganz banale, alltägliche Dinge imstande.

127

sucht, aus Puderzucker eine Mehlschwitze herzustellen. Das ist mir nämlich unlängst passiert. In kulinarischen Dingen bin ich nicht ganz ungeschickt, aber manchmal scheine ich ein wenig neben der Kappe zu stehen. Peter behauptet, ich fange dann leicht zu schielen an, aber das stimmt nicht. Dass es wieder mal so weit ist, merke ich immer daran, dass mein Mann dann plötzlich freiwillig kocht, was mich stets mit größter Dankbarkeit erfüllt. Peter beherrscht zwar nur Gulasch, das er aus kunstvoll verlängerten Tütensüppchen herstellt, aber immerhin. Es schmeckt auch ganz gut, wenn es nicht angebrannt ist, wozu Gulasch bekanntlich neigt (vor allem, wenn Peter noch Kidneybohnen, Mais, Sauerkraut und zwei bis drei garantiert BSE-verseuchte Rindfleischbüchsen aus Bundeswehrbeständen mit in den Topf kippt. Wer dann noch nicht satt ist, bekommt Toast mit Erdnussbutter und Himbeergelee – hm.) Wenn ich nach drei Tagen immer noch „über den Dingen stehe", wie meine temporäre geistige Abwesenheit bei uns heißt, können Sie sich darauf verlassen, dass mich unsere Kinder wieder runterholen, weil sie endlich etwas Anständiges essen wollen.

Mit Socken habe ich nebenbei bemerkt dasselbe Problem wie mein Onkel Jan-Willem. Ich weiß nicht, warum das so ist, aber das Sortieren der Socken meiner Lieben stellt mich vor eine schier unlösbare intellektuelle Aufgabe. Ich habe eine ganze Schublade mit Einzelsocken und eigentlich müssten doch irgendwann ihre Gegenstücke wieder auftauchen, aber nein. Sie weigern sich. Weswegen ich hin und wieder mit dem Schicksal hadere und mir ständig neue Lösungsansätze ausdenke. Kürzlich habe ich versucht, mit unserer Maxie so eine Art Memory zu spielen („Wo war jetzt die Socke mit den blauen Streifen?"), aber Maximiliane hat ihre eigenen ästhetischen Prinzipien, nach

128

denen sie die Dinge ordnet. Kürzlich trug sie eine kanariengelbe und eine quietschpinkfarbene Socke, und als ich sie bewunderte, teilte sie mir ganz stolz mit, dass sie noch so ein Paar habe. Und da unsere Maxie ein liebes Mädchen ist, erklärte sie sich auch bereit, mir eines davon ganz unentgeltlich zu überlassen, weil sie mitbekommen hatte, dass ich zuweilen noch „ganz von den Socken bin", wenn ich aus dem Geschäft komme und wieder mal eine dieser haarsträubenden Geschichten zu erzählen habe, die sich zuweilen dort abspielen. Vor allem Schnell-Leser machen mich völlig fertig.

Schnell-Leser schreibt man seit der Rächtschreiprephorm übrigens mit drei *l*, damit man das Wort noch schnell*lll*er lesen kann, aber dickköpfig, wie ich bin, bleibe ich lieber bei meiner Schreibart. Ein bisschen Eigensinn, hat auch Wally Niemöller immer gesagt, sollte man sich stets erlauben.

Sie hatte in Sachen Exzentrik überhaupt so einiges zu bieten und ich hätte hier gern mehr über sie und ihre sagenhafte Regenschirmsammlung berichtet, aber leider passt das alles nicht in dieses Buch. Exzentriker jedenfalls, davon war auch ihr vortrefflicher Gatte überzeugt, stehen ohnehin über den Dingen, denn wer eine Passion hat oder einen leichten Spleen, lebt nachgewiesenermaßen länger. Ihn kann nämlich so leicht nichts anfechten und auch Viren, Bazillen, freie Radikale etc. etc. beißen sich an kreativen Dickköpfen die Zähne aus. Weswegen ich mich auf die alte Rechtschreibung kapriziere.

Exzentriker jedenfalls stehen ohnehin über den Dingen.

Ich ärgere mich zwar immer, dass dieses Rechtschreibprogramm in meinem Computer meine Fehler stets zu verbessern versucht und *rauh* zum Beispiel einfach so zu rau

129

zurechtstutzt, so dass es aussieht wie ein Wellensittich in der Mauser, aber inzwischen habe ich einen Weg gefunden, dieses Programm ganz einfach auszutricksen.❡

„Es war eine kalte, raue Nacht …", so begann ein Roman, den ich unlängst lesen wollte, aber plötzlich hatte ich gar keine Lust mehr weiterzulesen. Mit derselben Logik müsste man jetzt ja auch *Rokost* schreiben, statt *Rohkost*, verflixt noch mal und Roling! Wie in Roling Stones!❡

Aber uns fragt ja keiner! Uns fragt ja nie einer … Doch ich komme schon wieder vom Hundertsten ins Tausendste. Wenn ich an das liebe ß denke, das jetzt nur noch sporadisch auftreten darf – bei „Bier in Maßen ist gesund" zum Beispiel – kommen mir fast die Tränen! Mir fehlt das *eszet* so sehr, dass ich jetzt statt Nutella *eszet*-Schnitten aufs Butterbrot esse, die es wunderbarerweise in unserem fabelhaften Edeka-Laden gegenüber noch zu kaufen gibt. Ungelogen. Das ist doch wenigstens etwas! Rettet das *eszet*! Doch zurück zu den oben genannten Schnell-Lesern.)❡

Es gibt Leute, die irgendwann einmal gehört haben, dass Bücher – ebenso wie andere sprachliche Mitteilungen – im Wesentlichen der *Informationsvermittlung* dienen. Das klappt bei einfachen Aussagen vom „Peter-geht-morgen-mit-Susi-Bowling-spielen"-Typ ganz gut. Auch verstehen Querleser, was gemeint ist, wenn im Wirtschaftsteil der *FAZ* von *Talfahrten* die Rede ist, doch andere Bilder entziehen sich ihrem intuitiven Verständnis leider vollständig. Mit Literatur kommen diese bedauernswerten Zeitgenossen denn auch gar nicht klar.❡

Da nützt auch ihre vermeintlich höchst raffinierte Diagonal-Lesetechnik nichts, die sie sich zugelegt haben, um schnell an den Kern der Mitteilung (oder was sie dafür halten) zu kommen. Den Inhalt von Romeo und Julia könnten sie zweifellos in Form einer einspaltigen Zeitungsmitteilung wiedergeben: „Unprofessionelle Datenübermittlung und mangelnde Kommunikation führten am Mittwochabend zu einer fatalen Kette von Fehlreaktionen mit tödlichem Ausgang. Fazit: zwei aus Verzweiflung begangene Selbstmorde, die sich leicht hätten verhindern lassen, wenn wenigstens einer der Beteiligten ein Mobiltelefon dabeigehabt hätte."¶

Schnell-Leser sind Typ-A-Menschen und Kindern in dieser Beziehung nicht unähnlich. Sie sind ungeduldig. Nun haben sie das nicht, was Kinder auszeichnet, wenn sie sich ganz selbstvergessen einer Sache hingeben können. Da A-Typen dieses Buch sowieso nicht lesen, kann ich das so offen und in aller Deutlichkeit sagen – diese Selbstvergessenheit des schöpferischen, spielenden Menschen bleibt Typ-A-Menschen auf immer fremd. Weswegen es ihnen, *wenn sie nicht erlöst werden*, auch verwehrt ist, über den Dingen zu stehen. Wenn sie dieses vergiftete Apfelstückchen nicht loswerden, das sie daran hindert, endlich wieder aufzuatmen, endlich wieder Mensch zu sein, dann verschlafen sie ihr ganzes Leben.¶

Es gibt ein paar ganz hoffnungslose Fälle, bei denen alle Liebesmüh vergebens ist. Doch oftmals wächst Typ-A-Menschen Erlösung durch Typ-B-Menschen zu, die mit Stress relativ gut klarkommen. Dass Sie selbst ein Typ-B sind, geht allein aus der Tatsache hervor, dass Sie das hier lesen – und so nehmen, wie es gedacht ist. Für den ungeduldigen Typ A dürften diese Mitteilungen jedenfalls nicht informativ genug sein. Ihm sind Schautafeln und Statistiken das Liebste, dann lässt sich das (auch hier wieder vermeintlich) Wesentliche schnell erfassen. Und dem Typ-A-Menschen geht es vor allem darum, Zeit zu sparen. Sie kommen irgendwie nie auf den Trichter, dass man am meisten Zeit eben durch diese Zeitsparmaßnahmen verliert. Peter I., der Große (im richtigen Leben heißt er Peter A. und ich bin schon seit längerem mit ihm verheiratet), geht sogar so weit zu behaupten, dass man Leuten, die *Erfolg, Stress* oder *Zeitmangel* öfter als einmal pro Stunde erwähnen, nach Möglichkeit aus dem Weg gehen sollte – was ich stets tue, sobald mir jemand ins Gesicht sagt: „Ach, wie *interessant*! Sie *schreiben* also. Was *schreiben* Sie denn so? (Was stets in etwa so klingt wie Loriots: „Ja, wo laufen sie denn?") „Ja", heißt es dann in vielen Fällen, „ich könnte ja auch Bücher schreiben, aber mir fehlt die Zeit." Wenn ich so was höre, sage ich entweder: „Ja, was tut man nicht alles, nur damit man von der Straße weg ist", oder aber ich frage den Betreffenden ganz unvermittelt, ob er weiß, wo hier das *Klo* ist und gehe erst mal Händewaschen. Dort lese ich zehn Minuten Axel Hacke zum Beispiel oder Elke Heidenreich und dann geht's mir in der Regel wieder gut. Ich habe, wie meine Großmutter Louise auch, stets so eine Notration zum Lesen mit, ein Seelenpflaster für alle Wechselfälle des Lebens.¶

Flucht ist übrigens auch angesagt bei Leuten, die Schlagworte wie *Profit* oder *Leistung* stets im Munde führen, wobei die Bezeichnung *Schlagwort* in diesem Zusammenhang eine ungeahnt wörtliche Bedeutung bekommen dürfte. Leute dieses Kalibers gehen nämlich davon aus, dass jeder, der sich nicht abends noch einen Teil seiner Arbeit mit nach Hause nimmt, entweder ein Faulpelz ist oder ein Ignorant. Oder beides. Jedenfalls jemand, der *ersetzbar* ist.¶

Den Druck produzieren vor allem die echten Typ-A-Menschen. („A wie Abzocker oder Apoplektiker oder

Man sollte Leuten, die Erfolg, Stress oder Zeitmangel öfter als einmal pro Stunde erwähnen, nach Möglichkeit aus dem Weg gehen.

auch wie A...rmleuchter. Daran kann man sich's leicht merken", das ist so die Eselsbrücke, wie sie sich Peter I, der Große, ausdenkt.)❡

Typ-A-Menschen haben offensichtlich schon ein Problem damit, sich zum Essen überhaupt hinzusetzen. Sie trinken, das gehört offensichtlich zu ihrem Image, literweise Kaffee, der so schwarz ist und so stark, dass Normalsterbliche davon spontan Nasenbluten bekommen.❡

Schnell-Leser lesen Bücher (wenn überhaupt), als würden sie Geld dafür kriegen, und halten sich etwas darauf zugute, selbst noch im Urlaub den wunderbarsten Tausendseitenschmöker in eineinhalb Stunden durchzuarbeiten – wonach sie triumphierend wie ein Zweijähriger in die Runde blicken und Beifall heischend „fertig!" rufen.❡

A-Typen haben's in der Regel mit Philosophie oder Ästhetik ebenso wenig wie mit Literatur, mit den Dingen also, die einfach nur ihrer Schönheit wegen da sind und nicht mehr und weniger wollen, als uns gut tun. Wenn Sie einen Typ-A in den Louvre schleppen, will er garantiert nur die *Mona Lisa* ansehen und fertig, damit er den Louvre auf seiner Liste abhaken kann. Kunstinteressierte sollten mit A-Typen weder reisen noch auch nur *versuchen*, mit ihnen ins Theater zu gehen oder gar in eine Oper oder ein Konzert, das ist reine Geldverschwendung. Sophokles werden sie sowieso nie verstehen, ebenso wenig wie Shakespeare & Co. (Was mich an die Geschichte erinnert, die eine Freundin mir unlängst erzählte: Sie habe ihren Mann, der Rechtsanwalt und ein A-Typ reinsten Wassers ist, dazu überredet, Ibsens *Wildente* anzuschauen, mit dem Ergebnis, dass er das ganze Stück verschlafen habe und erst bei der Ballerei am Schluss wieder aufgewacht sei, wonach er in dem rührenden Versuch, nett zu sein, die Frage stellte: „Und, haben sie sich denn ge-kriegt?")❡

Mit solchen Leuten, sage ich Ihnen, kann man *nirgendwo* hingehen. Man kann nicht einmal einkaufen, wenn man sie im Schlepptau hat, weil sie zwischen einem Burberryschal und einem dieser Teile vom FC Bayern München ästhe-tisch keinen Unterschied sehen. Am besten deponiert man einen A-Typ, vor allem wenn man mit ihm verheiratet ist, mit einem Sechserpack Bier in einem möglichst luxuriösen Hotel, da kann er dann lesen oder das tun, was er unter Lesen versteht, das heißt, er kann ein wenig blättern und bunte Bildchen anschauen. Auch kann er dort seinen Body stählen, sich durchs Programm zappen und *James Bond* kucken. Dann kann er andere nicht mit seiner Halbbildung beeindrucken. Denn merke: Typ-A-Menschen wissen im-mer alles ganz genau, auch das, wovon sie nachweislich keine Ahnung haben.❡

Da können Sie dann vor einem Amtsgericht aus dem späten neunzehnten Jahrhundert stehen und ein A-Typ wird Ihnen garantiert weismachen, dass das alles reinste Gotik sei, weil er irgendwann mal was von Spitzbögen gehört hat. Mein ganz persönlicher Tipp in derlei Fällen ist: *Nicht widersprechen* – jedenfalls nicht offen, das haben A-Typen gar nicht gerne. Es gibt andere, subtilere Methoden, sie auszutricksen. Leute, die alles ganz genau wissen, sollte man zunächst in ihrem Kinderglauben lassen, dadurch spart man sich eine Menge Stress. Eines der Lieblingsworte aller A-Typen ist übrigens: *Effizienz* – eine Freundin von mir wäre fast mal gefeuert worden, als sie sich erfrechte, einen Vorgesetzen mit *Euer Effizienz* anzureden, aber zum Glück brauchte er Antonia, die für ihn zu dolmetschen hatte, ganz dringend. Alles, was A-Typen in ihrem Leben

tun, ist *effizient*. Zumindest glauben sie fest daran. Dass das, was sie wirklich draufhaben, oftmals in umgekehrt proportionalem Verhältnis zu dem steht, was sie zu können *glauben*, entgeht dabei leider ihrer Aufmerksamkeit wie so vieles andere auch. Typ-A-Menschen arbeiten *effizient*, sie lesen *effizient*, sie lieben *effizient* (A-Typen nehmen beim Lieben grundsätzlich nie die Uhr ab, auch nicht beim Duschen, daran sind sie leicht erkennbar.). Sie sehen auch *effizient* fern (wenn Sie Ihr blaues Wunder erleben wollen, brauchen Sie nur mal einem A-Typen die Fernbedienung wegzunehmen!) Typ-A-Menschen relaxen überhaupt *effizient*. Und sie gehen *effizient* am Leben vorbei, die armen Schweine. Sie tragen *Zeitmesser* am Handgelenk, die in etwa so groß sind wie diese Wasseruhren von *Brunata*. Auch schleppen sie *Timer* mit

Typ-A-Menschen relaxen überhaupt effizient. Und sie gehen effizient am Leben vorbei.

sich herum, in denen sie wahrscheinlich sogar noch den Beischlaf planen, denn A-Typen glauben an Planung wie der Papst an den lieben Gott. Dummerweise setzen sie sich die zeitlichen Rahmen stets zu eng und kommen dann ins Schleudern, werden hektisch, machen Fehler, aber das können A-Typen ganz gut überspielen. Oder, sagen wir, ihre Sekretärin überspielt das. Denn merke: Hinter jedem A-Typ steht ein geniales Organisationstalent, ohne das er eigentlich verloren wäre, nur weiß er das nicht.❡

Da bin ich doch lieber ein gemütlicher Typ B. Dieser Verhaltenstypus, zu dem zweifellos auch Sie gehören, beherrscht ganz intuitiv und ohne allzu viel darüber nachzudenken, die Kunst, die Dinge ein wenig gelassener anzugehen Auch hat er im Laufe der Zeit Techniken entwickelt, dem Stress und den Leuten, die ihn machen, die Zähne zu zeigen.❡

Wieso ich so genau weiß, dass Sie ein B-Typ sind? „Elementary, my dear Watson!" Ganz einfach: weil Sie *lesen*. Und weil ein A-Typ, selbst wenn er denn *läse*, was sehr unwahrscheinlich ist, diesen Abschnitt ziemlich sicher übersprungen hätte.

Dass man Bücher auch zu seinem *Vergnügen* lesen kann, dürfte für einen echten Typ-A-Menschen eine geradezu abartige Vorstellung sein, die ihm körperlichen Schmerz bereitet. Dabei könnte man mit derselben Logik *Doktor Schiwago* im Zeitraffer anschauen. Dann kann man sich die Story in genau zwölf Minuten reinziehen und hat ganze zwei Stunden und vierzig Minuten gespart.

Über die Kunst des (Ab-) Wartens

Dass die Dinge Zeit brauchen, um zu reifen, ist etwas, was man einem Typ-A-Menschen nicht deutlich machen kann.

Kluge Leute, die wirklich über den Dingen stehen, können jedoch warten wie eine Katz vorm Mauseloch. A-Typen zeichnen sich hingegen dadurch aus, dass sie überhaupt nicht warten können. Weder im Restaurant noch auf der Post, vor allem aber nicht im Supermarkt. Es macht sie *wahnsinnig*, wenn die anderen Schlangen schneller vorankommen, was die anderen Schlangen bekanntlich immer tun, das ist das ewige Gesetz. B-Typen wissen das und haben immer was zu lesen dabei. Jedenfalls regen sie sich nicht auf. Denn B-Typen haben in ihrer Kindheit gelernt, dass man nicht alles haben kann. Nur scheint leider Geduld in einer *Ich-will-alles-und-zwar-sofort-Gesellschaft* nicht mehr erwünscht zu sein. Denn Ungeduld ist ein

Wirtschaftsfaktor, von dem nicht nur Fast-Food-Ketten profitieren.

Meine Großmutter pflegte uns derlei Zusammenhänge gern so ganz nebenher, beim Kochen zum Beispiel, auseinander zu setzen. „Man muss nicht immer alles sofort erledigen", sagte Sophie-Luise dann. „Man verzettelt sich nur. Auch ist fraglich, ob man damit überhaupt irgendetwas gewinnt. Mit dem, was so täglich auf euch einstürmt, geht ihr am besten um wie mit den Zutaten für ein mehrgängiges Essen – es nützt nichts, die Suppe oder den Braten zuerst zu Ende zubereiten zu wollen, bevor man sich um die Knödel kümmert. Oder um den Flan, der ja kalt werden muss. Ohne die richtige Technik habt ihr Stress ohne Ende."

Ich weiß noch, dass Charlotte Großmutters Ausführungen fasziniert lauschte. Die Analogie mit dem mehrgängigen Menü fand sie äußerst nützlich. Seither bündelt sie beispielsweise Aufgaben, erledigt all ihre Telefongespräche nacheinander, schreibt all ihre Briefe und E-Mails hintereinander weg – und hat jetzt erstaunlicherweise viel mehr Zeit. Zumal sie aufgehört, den Stress zu glorifizieren. Wenn sie jemand anruft, der dieses oder jenes von ihr will, erledigt sie das in der Regel *nicht sofort*, sondern verbindet es mit etwas, was sie ohnehin später tun muss. Das hat außerdem den Vorteil, dass sie inzwischen in Ruhe darüber nachdenken kann, während sie vielleicht andere Routinearbeiten erledigt.

Großmutters uralte Küchenregeln sind schon genial: Wenn man vor dem Kochen zum Beispiel erst mal alle Zwiebeln klein schneidet, die man schätzungsweise braucht, und allen Knoblauch, kommt man später schneller voran. Wer alle Post von acht bis neun erledigt oder auch gleich nach der Mittagspause, der kann gemütlich in der Kaffeepause über alles Weitere nachdenken. Wichtig ist: Tu niemals sofort, was jemand (am Telefon zum Beispiel) von dir verlangt – dann kommst du nie „zu Potte", wie Großmutter immer sagte.¶

Tu niemals sofort, was jemand von dir verlangt – dann kommst du nie „zu Potte".

Von einigen Ausnahmen muss man hier freilich absehen. Für Polizisten, Feuerwehrleute, Notärzte etc. gelten diese Regeln natürlich *nicht*. Doch selbst in den schlimmsten Stressberufen kommt man ziemlich weit, wenn man die Dinge erst mal bündelt und sich nicht blind auf eine neue Sache stürzt, wozu von ihrer Wichtigkeit überzeugte Typ-A-Menschen einen Hang haben.¶

Der besonnenere Typ-B-Mensch setzt hingegen all diese Dinge, die sich nicht ohne Problem sofort erledigen lassen, auf eine Liste. Und er hat auch das Talent zu delegieren.¶

Darüber wird in Zeitmanagement-Büchern immer viel geschrieben – delegieren, delegieren, delegieren. Das stimmt schon, aber man überschätze das Ganze auch nicht. Auch Adjutanten kommen weitaus besser klar, wenn man ihnen Merkzettel schreibt, die ihnen das Bündeln ihrer Arbeiten erleichtern. Doch wenn man diese geniale „Zettelwirtschaft" erst einmal richtig beherrscht, wird man feststellen, dass man vieles im Handumdrehen auch genauso gut selber tun kann.¶

Wer mit Zetteln lebt, lebt entspannter. *Damit lässt sich (Arbeits-)stress um die Hälfte reduzieren – ungelogen!* Wenn im Laufe des Tages ein Problem entsteht und man stürzt sich voller Eifer sofort darauf, dann ist das in etwa so sinnvoll, als setzte man sich ins Auto, um zu Aldi zu fahren, nur weil einem ein Päckchen Brühwürfel fehlt.¶

Diese Zettelmethode gilt übrigens nicht nur für die laufenden Tagesgeschäfte. Zettel, so sie genügend groß sind, helfen manchmal, ein Problem auf zeichnerischem Wege zu lösen. Ich weiß, das glauben Sie mir jetzt nicht. Aber es stimmt. Ich werfe Papier nie weg, müssen Sie wissen – das ist nicht übergroße Sparsamkeit, sondern einfach nur bequem, weil ich nie Mangel an Zetteln habe und deswegen auch nie für Nachschub sorgen muss. Ich amüsiere mich stets über Leute, die ich anrufe und die dann – raschel, raschel – erst einmal nach einem Blatt Papier und einem Stift suchen müssen. Das passiert einem sogar bei Leuten, von denen man annehmen sollte, dass sie öfter mal angerufen werden.¶

Wer mit Zetteln lebt, lebt entspannter.

Wenn man alles Papier und sämtliche Werbebriefe, die einem tagtäglich so ins Haus flattern, mit der unbedruckten Seite nach oben in einem DIN-A4-großen Kasten aufbewahrt, hat man dieses Papierproblem jedenfalls nicht. Und das wichtigste Requisit für meine *Papiertigertechnik* geht einem nie aus: Wenn ich ein schwieriges oder gar (vermeintlich) unlösbares Problem habe, schreibe ich es in die Mitte eines solchen Blatt Papiers – hab ja genug davon. Daneben stelle ich eine Kanne Tee. Dann passiert – in der Regel – etwas sehr Seltsames: Ich fängt nämlich an, halb bewusst, halb unbewusst, mit Pfeilen, Strichen, Kreisen, kleinen Skizzen und neuen Begriffen daran herumzumalen – und siehe da: Plötzlich taucht die Lösung irgendwo am Rand auf, wo man sie nun wirklich nicht vermutet hätte. Wichtig ist, daß man einfach zu schreiben anfängt. Plötzlich tauchen dann mehr oder weniger bewusste Zeichen und Symbole auf – und neue Möglichkeiten, an die man bis dato noch gar nicht gedacht hat. Diese schlichte Technik hilft nämlich, die Lage, der man sich ausgesetzt sieht, von *oben zu betrachten.* Und von da hat man bekanntlich den besseren Überblick.

Und dann gibt es da noch etwas, wozu ein hinreichend großes Blatt Papier gut ist: Wenn die Wellen über mir zusammenschlagen und ich überhaupt nicht mehr weiß, wie ich mich da herausmanövrieren soll, *dann schreibe ich eine Liste mit all den Dingen auf, für die ich dankbar bin.* Diese schlichte Technik ist, wenn man sie richtig beherrscht, hochwirksam und alles, *wirklich alles, was uns eben noch Angst machte, verliert plötzlich seinen Schrecken.* Ich habe die Idee dazu von einem meiner früheren Chefs, als ich noch in der Schweiz lebte. Dazu gehört eigentlich eine Geschichte, in der jede Menge lange, innen angeraute Baumwollunterhosen vorkommen, doch leider würde das hier den Raum sprengen. Roman Egeli jedenfalls, mein viel bewunderter Chef, begleitete die Qualitätsunterhosen persönlich in die Kriegs und Notstandsgebiete dieser Welt – und bekam dort so viel Elend zu sehen, dass er ganz oben auf seinen Listen zu notieren pflegte: Wir leben immerhin noch, sind auch weitgehend gesund (von ein paar Zipperlein vielleicht einmal abgesehen), haben es schön warm und trocken daheim, vor allem aber haben wir alle – *einen Schweizer Pass!*

Wenn man einmal gelernt hat, nichts, nicht einmal den Pass, den wir in der Tasche tragen, oder auch die Abwesenheit von Zahn und anderen Schmerzen *als selbstverständlich hinzunehmen,* dann erscheint plötzlich all der tägliche Kram, der uns allen zu schaffen macht, ziemlich banal. Natürlich ist es schwierig, die eigenen ganz realen Ängste der Kategorie Kleinkram zuzuordnen, und doch – mit etwas Phantasie lässt sich stets das ausmachen, wofür man dankbar sein kann. „Cos there is always something to be thankful for", wie Father Brian es ausdrückt. „If life gives you lemons, make lemonade."❡

Perspektivenwechsel ist alles. Weggehen, etwas ganz anderes tun, Listen schreiben – das sind immer noch die besten Methoden, um mit Problemen zurande zu kommen. Äußerst wirksam ist vor allem stets ein Tapetenwechsel. Darauf ist seinerzeit Archimedes schon gekommen. Als er die Sache mit der Krone nicht zu lösen vermochte, ging er einfach –„Heureka!" – ins nächste Schwimmbad, was im heutigen Arbeitsleben natürlich nicht so ohne weiteres realisierbar sein dürfte. Aber eine meine Kolleginnen geht zum Beispiel – „Edeka!" – immer erst mal ein paar Snickers kaufen oder ein Paket Haribo für die ganze Mannschaft, wenn sie mit einem Problem konfrontiert ist oder gerade dabei ist, sich mächtig zu ärgern. Dann kommt sie auch zuweilen mit einer Tafel Lindt zurück, die wir dann andächtig wegknabbern. (Lindt-Schokolade *kann* man nämlich nur andächtig essen.) Wenn meine Kollegin Uli eine von diesen unglaublichen Lindor-Kugeln im Mund zergehen lässt, ist sie erst mal minutenlang nicht ansprechbar. Sie erinnert mich dann mit ihren zum Himmel gerichteten Augen und dem leicht schwiemeligen Blick immer ein wenig an das Konterfei der heiligen Therese von Lisieux, das eine sehr fromme, sehr katholische Tante mir einst schenkte. „Göttlich" ist denn auch Ulis Kommentar, wenn sie langsam von ihrem Lindor-Trip wieder runterkommt. Uli hat ein paar Jahre lang in Amerika gelebt und ich vermute, dass sie unter anderem deswegen zurückgekommen ist, weil der (zweifelhafte) Genuss der berüchtigt schlechten amerikanischen Schokolade einem auf die Dauer den Glauben an die Menschheit nimmt. Ich kann hier keine Namen nennen, aber wenn Sie die Wahl haben zwischen H.'s Chocolate und einer Packung Moltofill, wählen Sie Moltofill, das stopft nicht so sehr. Seit kurzem gibt es jenseits des großen Teichs zwar auch Lindt, aber sie schmeckt anders, weil sie in den USA hergestellt wird und die Kühe da nicht so glücklich sind – wen wundert's. Denn sie kriegen täglich vorgerechnet, dass sie Ihr Milchsoll noch nicht erfüllt haben, und das dürfte den sanften Tieren mächtig auf den Euter gehen. Wie schön könnte doch das Leben sein, wenn es diese Leute nicht gäbe, die ständig an unserer Rentabilität herumfummeln wie mein früherer Nachbar Manfred an seinem Opel Manta. Unsere Stammkunden kennen unsere leicht ins Abseitige tendierende Vorliebe für Lindt-Schokolade inzwischen, weswegen wir denn auch öfter welche geschenkt bekommen. Vor allem dann, wenn wir wieder mal ein Buch aus der Mongolei besorgt haben oder aus sonst irgendeiner entfernten Weltgegend, wo nicht einmal mehr Pfeffer wächst.❧

Doch zurück zu den besagten Denk-, Atem- und Kunstpausen. Sie sind wichtig – das weiß jeder. Aber ich sage – Pausen sind nicht nur wichtig, Pausen erlauben uns überhaupt erst „wegzudenken".❧

Und dieses „Sich-Wegbeamen" birgt *stets die Lösung für den, der Augen hat zu sehen.* Wer sich auf die Kunst versteht, *kreative* Pausen einzulegen und sich alle ein, zwei Stunden wenigstens einem Tagtraum hinzugeben, der steht wirklich über den Dingen. Manchmal reicht es schon, aus dem Fenster zu schauen, die Augen auf „unendlich" zu stellen und an etwas ganz anderes zu denken. Ein solcher Wechsel des „Blickpunkts" führt fast immer – wie in der Archimedes-Geschichte –

Wer sich auf die Kunst versteht, kreative Pausen einzulegen, der steht über den Dingen.

dazu, dass unser Kopf urplötzlich eine Metapher wahrnimmt, ein Bild, irgendetwas, das *eine Analogie zu dem herstellt, was uns gerade beschäftigt.*❡

Darauf können Sie sich fast verlassen. Kreative Köpfe haben sich deswegen ein ganz systematisches Wechseln der Perspektive zum Prinzip gemacht: Newton legte sich unter einen Apfelbaum und kam dankenswerterweise auf die Sache mit der Schwerkraft. Sonst würden wir heute alle im luftleeren Raum hängen. Vielleicht fällt es ja deswegen vielen Leuten so schwer, ganz einfach abzuheben? Weil alles Erdenschwere mit Zentnergewichten an uns hängt?❡

Machen Sie einmal den Versuch: Werfen Sie alle neunzig Minuten ein wenig von dem Ballast, der Sie unten hält, ab. Das geht ganz einfach und gelingt selbst, wenn man darin kaum Übung hat: Man führe seinem Kopf ein Zitat zu. Egal was. Es ist völlig unerheblich, was Sie lesen. Aber lesen Sie nur eines und denken Sie eine Weile darüber nach. Was dann passiert, ist unglaublich: In der überwältigenden Mehrheit aller Fälle steht das, was Sie da lesen, in enger Beziehung zu dem, was Sie gerade beschäftigt.❡

Man führe seinem Kopf ein Zitat zu. Egal was. Was dann passiert, ist unglaublich.

Ist das nun Zufall, Fügung oder Magie? Ich verrate Ihnen nicht mehr dazu, aber es gibt eine Erklärung für dieses merkwürdige Phänomen.❡

Unlängst saß ich wieder einmal in einer christianinduzierten Patsche. Diesen Schlamassel, in den er uns da hineinmanövriert hatte, als Problem zu bezeichnen, wäre die Untertreibung des Jahres. Ich stand vor einem echten *Dilemma* und Christians Erzeuger war natürlich auch nicht da. Ich erspare Ihnen die Details der Chose und sage nur so viel: Christian hatte einem der Söhne eines stadtbekannten Prozesshansels ein Buch ausgeliehen, irgendetwas über elektronische Schaltanlagen oder psychedelische Pilze oder was der Teufel was – etwas anderes liest der Knabe ja sowieso nicht. Nach etwa einem Jahr bekam er es endlich zurück, voller Öl- und Fettflecken allerdings, was Christian so nervte, dass er eine Scheibe Schweizer Käse aus dem Kühlschrank nahm, diese in eine Jiffytüte packte und an Kevin mit dem Hinweis expedierte: „Schicke Dir anbei Dein *Lesezeichen* zurück". Der schwer übergewichtige, in einschlägigen Kreisen auch als Fritten-Kevin bekannte Knabe muss damit gleich zu seinem Papi gelaufen sein, der wiederum mich entrüstet anrief, wüst beschimpfte und mir mit Prozess drohte. Es kam dann auch prompt ein Brief vom Anwalt. Mein Gott, sagte ich mir, mit was für einem *Käse* man sich doch tagtäglich auseinandersetzen muss! Dabei könnte das Leben so schön sein.

Ich dachte nach, versuchte eine Lösung zu Papier zu bringen, aber es brachte alles nichts. In solchen Fällen gehe ich in den Garten, Rosen schneiden. Rosenschneiden ist übrigens, wenn man ein scheinbar unlösbares Problem hat, besser als Unkrautrupfen. Beim Unkrautrupfen brütet man unter Umständen nämlich noch weiter, während man sich beim Rosenschneiden schon konzentrieren muss, damit man die richtigen Zweige erwischt. Außerdem sollte man mit Rosen plaudern, das haben sie gern.

Ich stand also und schnitt. Und hier kommen Crassus und Bambi wieder ins Spiel. Die beiden lieferten sich nämlich gerade wieder eines ihrer Scheingefechte und der Rottweiler schlug einen ohrenbetäubenden Lärm an. Unser Kätzchen aber saß ganz seelenruhig auf dem Zaunpfahl (der für Crassus genau dreißig Zentimeter zu hoch war), als wollte es sagen: Es wird dir nicht gelingen, mich zu provozieren.¶

„Das ist die Lösung", sagte ich mir, ging ins Haus, schrieb auf eine Postkarte den kryptischen Satz „Quäle nie ein (Mutter-)Tier zum Scherz …" klebte eine Briefmarke darauf, wobei ich sorgsam ein Modell mit einem Vogel darauf wählte und schickte das Teil an Fritten-Kevins Papa. Ich habe nie mehr etwas von Hans Schlauberger (Name geändert) gehört. Da sehen Sie, wozu Pausen gut sind.¶

Die Sache mit dem Säbelzahntiger. Oder: Wie Stress wirkt, was sich dagegen tun lässt und was man tunlichst vermeiden sollte. Jeden Versuch, schlagfertig zu sein, kann man jedenfalls vergessen

Bei Licht besehen ist dieser Satz natürlich die kultivierte Variante eines überdeutlichen, wenn auch etwas groben LMAA-Lösungsansatzes, der in manchen Extremfällen nicht zu verachten ist. Nur führt ein allzu überzeugt vorgebrachtes LMAA in der Regel unverzüglich zum Abbruch diplomatischer Beziehungen und das kann ja nicht Sinn der Sache sein. LMAA kann man denken, aber sagen sollte man: „Es wird dir nicht gelingen, mich zu provozieren" – ein ganz einfacher Satz, den man auswendig lernen und immer dann anwenden sollte, wenn uns ein Übermaß an Adrenalin daran hindert, einem Kontrahenten die passende Antwort zu geben. Denn solange das Blut durch unsere Adern rast, verhindert dieses Hormon alles Nachdenken.¶

Vielleicht sollte man sich diese Substanz überhaupt einmal näher anschauen. Was ist Adrenalin eigentlich? Mut-

146

ter Natur hat sich dieses Hormon, das alle *körperlichen* Kräfte in uns mobilisieren soll, ausgedacht, um uns vor dem Säbelzahntiger zu schützen, der die eiszeitliche Landschaft allüberall unsicher machte, auch hier bei uns. Wenn so eine Großkatze aus dem Gebüsch brach, gab's nur eins – kämpfen oder fliehen. Mit Nachdenken war da nicht mehr viel.❡

Wer lange überlegt hätte: „Soll ich jetzt oder soll ich nicht?", dem hätte besagter Tiger oder auch der *Ursus horribilis* oder der *lupus in fabula* gleich das Lebenslicht ausgeblasen. *Das heißt mit anderen Worten – Stress hindert uns geradezu an ruhiger Reflexion.* Man muss das wissen, denn es erklärt, warum man in brenzligen Situationen nicht in der Lage ist, geistreich zu sein. Das gelingt nur Zeitgenossen mit einen wirklich dicken Fell. Genies wie George Bernhard Shaw oder Oscar Wilde zum Beispiel oder Leuten mit einem wahrscheinlich vierstelligen IQ – ein dickes Fell ist bekanntlich „eine jute jabe Jottes", wie Adenauer es einmal ausdrückte. Aber die Jaben sind eben verschieden verteilt.❡

Dass einem die guten Antworten, die man eigentlich hätte geben müssen, immer erst hinterher einfallen, wenn alles vorbei ist, ist eine altbekannte Tatsache. Der Grund ist eben das viele Adrenalin: Erst später, wenn der Hormonspiegel wieder aufs normale Niveau gesunken ist, können wir „aufatmen" – und wieder ruhig nachdenken. Denn das Hormon bewirkt auch, dass wir in Stress-Situationen schnell und flach atmen. Dadurch soll eigentlich den Muskeln eine Extraration Sauerstoff zugefügt werden. Man beginnt zu schwitzen, denn Schweiß kühlt den Körper: All das ist wirklich zu unserem physischen Schutz gedacht. An A-Typen als Stressfaktor No. 1 hat die Natur damals nicht gedacht.❡

Überlegenheit, diese Beobachtung wird niemanden überraschen, hat etwas mit *überlegen* zu tun. Solange wir nicht *überlegen* können, sind Glanzleistungen nicht zu erwarten, ein Zusammenhang, dessen Bedeutung man gar nicht überschätzen kann. Am besten versucht man erst gar nicht, in der Hitze des Gefechts schlagfertige Antworten zu geben – das gelingt so gut wie nie. Das Einzige, was hilft, ist *wirklich langsam durchzuatmen* und sich mit dem Satz: „Es wird Ihnen nicht gelingen, mich zu provozieren" oder einer entsprechenden Variante auf eine neue, bessere Ausgangsposition zurückzuziehen. Dieser Satz, glauben Sie mir, ist Gold wert.❡

Meine Großmutter Sophie hatte außerdem, wenn ihr jemand ganz dumm kam, noch einen Satz in ihrem Repertoire, der schon genial ist: „Wissen Sie was?", schlug sie demjenigen vor, der sich darin gefiel, ihr das Leben schwer zu machen, „wissen Sie was? *Schlafen Sie sich doch erst mal richtig aus.* Dann unterhalten wir uns weiter."❡

Sätze wie diese verschaffen einem einen wunderbaren Abgang. Zumal sie ganz selbstbewusst implizieren, dass es der *andere* ist, den man wohl ein bisschen zu heiß gebadet und danach mit dem Klammerbeutel gepudert hat. Chefs und anderen Vorgesetzten gegenüber sind beide Sätze natürlich nur bedingt einsetzbar, vor allem wenn es sich um rachsüchtige Menschen handelt. Da sollte man dann eher vorschlagen, „diese Diskussion lieber zu vertagen".❡

Ein wohl geordneter Rückzug ist keine Feigheit, hat mir Charlotte letztens erklärt, sondern ein strategischer Kunstgriff, der hilft, das Problem auf der Ebene zu lösen, auf der es auch entstanden ist, auf der mentalen nämlich.❡

„Wenn man sich einmal klargemacht hat, wie diese Stresshormone wirken, weiß man auch, warum man alle

Versuche, mit rasendem Puls eine befriedigende Lösung zu finden, wirklich aufgeben kann: Die Teile unseres Hirns, in denen alles logische Denken zu Hause ist, sind evolutionsbiologisch gesehen um Millionen von Jahren *jünger* als besagter Säbelzahntiger. Und deswegen wirken diese Hormone nur auf unseren Körper: Sie machen ihn zu Flucht oder Kampf bereit, *aber eben nur zu körperlichem Kampf, nicht zu verbalem.* Und genau da liegt der Hase im Pfeffer: Wir leben in einer *heillos* komplizierten Welt – mit einer im wahrsten Wortsinne *vorsintflutlichen* Hormonausstattung, die man verstehen muss, wenn man sich keinen größeren oder kleineren Schaden einfangen will. Dass Dauerstress krank macht, ist ja nun nichts Neues mehr. ⁋

Hals- und Rückenschmerzen und Verspannungen sind die Folge angespannter Muskulatur – denn das Adrenalin macht uns wirklich „sprungbereit". Das lässt sich *nur mit Sport wieder abbauen.* Panik, Herzklopfen, Asthma stehen weiter auf der Liste, ein hoher Blutdruck durch den erhöhten Herzschlag ist ebenso adrenalinbedingt. Außerdem ermüdet man rascher, denn die Leber setzt sehr schnell für den erhöhten Energieaufwand Zucker frei. Wohl dem, der Stress mit ein bisschen Zucker (oder oben genannter Lindt-Schokolade) zu begegnen weiß. Wird das Adrenalin nicht unverzüglich abgebaut, sind Übelkeit, Verdauungsstörungen, Sodbrennen, Magengeschwüre und andere gesundheitliche Probleme vorprogrammiert, denn das Fluchthormon bewirkt auch, dass alles Blut vom Magen abgezogen wird. Für die Dauer der Flucht, hat sich Mutter Natur damals gesagt, brauchen wir nichts zu verdauen, das können wir uns sparen. Wenn man den Ärger jedoch nicht oder nur

Der neue Stress der neunziger Jahre ist nicht einfach nur ungesund, er macht krank.

unvollständig „verdaut", haben wir das, was man als Dauerstress bezeichnet. Nun weiß man seit einiger Zeit, dass es Cortisol, Noradrenalin und Adrenalin im Verein gelingt, unser Immunsystem nachhaltig zu schädigen. Ärger öffnet den freien Radikalen, die uns ständig ans Leder wollen, Tür und Tor – das kann jeder, der mag, im Internet nachlesen. Aber wer mag das schon. Wir ahnen es längst: *Der neue Stress der neunziger Jahre ist nicht einfach nur ungesund, er macht krank. Denn inzwischen ist noch ein unerträglicher Existenzdruck dazugekommen, dem sich kaum jemand entziehen kann.*

Und dann gibt es da noch etwas – und ich bitte Sie, diesen Punkt ganz ernst zu nehmen: Stress bringt uns überdies in *akute Lebensgefahr*. Warum das so ist, ist leicht erklärt. Da wir, wie mir scheint, wenn ich keinen Knick in der Pupille habe, *heute für ein immer geringer werdendes Entgelt immer mehr zu arbeiten haben*, müssen wir häufig all unsere Kräfte zusammennehmen, um überhaupt noch zurechtzukommen. Das bedeutet im Klartext, dass wir oft mehr arbeiten (müssen), als unser Körper zulässt. *Richtiggehend gefährlich wird es jedoch, wenn man über den Punkt hinaus arbeitet, an dem Erschöpfung eintritt.* Daran, dass wir ganz unwillkürlich zu seufzen beginnen, ist leicht erkennbar, wann dieser Punkt erreicht ist, denn Seufzen ist (wie Gähnen auch) nichts anderes als ein Versuch des Körpers, mehr Luft zu bekommen. Wenn man dieses Signal außer Acht lässt, passiert etwas sehr Seltsames: *Man beginnt, sich zu verletzen.* Man wird ungeschickt und die Dinge entgleiten im wörtlichen wie auch im übertragenen Sinn unseren Händen. Doping mit Kaffee oder Cola hilft, wenn man diesen Überdrusspunkt einmal erreicht hat, auch nicht mehr – im Gegenteil, es bringt uns sogar in noch größere Gefahr.

151

Am besten lässt man dann das Auto stehen, sonst kann, wer Pech hat, sich die Radieschen von unten ankucken.❡

Doch wie sollen wir mit all der Arbeit fertig werden, mit dem Ärger und mit der Angst? *Kann man beschließen, sich fort- an ganz einfach nicht mehr zu ärgern und auch nicht mehr zu ängstigen?* Kann man weniger arbeiten, wenn man monatlich Hypotheken für die Eigentumswohnung abzuzahlen hat?❡

Wohl kaum. Und doch gibt es so einige Erste-Hilfe- Maßnahmen gegen Stress, die Sie am Ende des Buches lesen können. Tristan Niemöller verrät dort, was man ganz konkret dagegen unternehmen kann. Nur in einem Punkt irrt er: Tristan war in etwa ebenso sehr an Leibesübungen interessiert wie Winston Churchill („No sports!"). Da aber Stress-Symptome (die man, um ihnen wirksam begegnen zu können, überhaupt erst mal *erkennen* muss) im Wesent- lichen eine Reaktion des *Körpers* auf eine ganz konkrete Bedrohung von außen darstellen, lassen sich die Hormone, die diese Vorgänge steuern, auch nur mit *körperlicher* Bewe- gung abbauen. Da beißt die Maus keinen Faden ab.❡

Ein bisschen Meditation ist ja ganz nett, aber wer die auf die Dauer krank machenden, den Körper auf Höchstleis- tung „tunenden" Hormone wirklich loswerden will, sollte schon schnellen Schrittes in den nächst gelegenen Wald abtauchen. Man muss sich ja nicht gleich das Herz aus dem Leib joggen, wie diese asketischen Fitness-Päpste predigen, die vor lauter Fitness fast überschnappen. Aber man kann doch wenigstens zweimal ums Karree sausen oder des Abends ein, zwei U-Bahn-Stationen früher aussteigen. Vielleicht ist das nicht besonders spannend, aber es hilft garantiert.❡

Mein Großvater pflegte immer dann, wenn er drauf und dran war, sich schrecklich aufzuregen, ein „paar Briefmarken einzukaufen". Er stieg in seine Gummistiefel und zog, angetan mit seiner ältesten, vielfach geflickten Joppe und seiner Prinz-Heinrich-Kappe, los. Er ging auf Umwegen zur Post – dreieinhalb Kilometer hin und dreieinhalb Kilometer her. Von diesen Ausflügen kam er stets ganz fröhlich zurück, was unter anderem daran lag, dass er sich unterwegs bei Hein Carstens ein frisch gezapftes *Jever* genehmigte. Denn Bier, lehrte er, ist nicht nur gut für die Nerven, Bier ist überhaupt gesund, wegen des vielen Vitamin B und des Hopfens. Wenn Sie der Stress wieder mal so richtig gepackt hat, probieren Sie die geniale Briefmarken-Technik meines Großvaters ruhig einmal aus: Sie hilft so gut wie immer – vor allem, wenn man den Teil mit dem Bier auch noch berücksichtigt.❡

Mein Großvater pflegte immer dann, wenn er drauf und dran war, sich schrecklich aufzuregen, ein „paar Briefmarken einzukaufen".

In Ermangelung entsprechender Waldflächen kann man sich – auf Umwegen natürlich – auch in eine Buchhandlung begeben. *Denn Buchhandlungen sind immer noch die am leichtesten erreichbaren Naherholungsgebiete.* Und wissen Sie, was das Wunderbare daran ist? In einer wirklich schönen Buchhandlung begegnet einem wie durch Zufall oft die Lösung für genau das Problem, das uns gerade zu schaffen macht. Ich kann mir diesen berühmten, oft beobachteten Effekt auch nicht so richtig erklären. Wenn man im Geiste mit irgendeiner Sache befasst ist, findet man dort wie durch Zauberei *genau das Buch*, das die Antwort birgt. Vielleicht findet ja das Buch auch uns, auszuschließen ist das jedenfalls nicht. Bücher haben nicht nur ihr eigenes Schicksal, sondern es gilt wohl auch: *Habent sua testa libelli* – sie haben eben ihren eigenen *Kopf* und suchen sich wie Katzen oft ihre Besitzer aus. *Vertrauen Sie darauf – Buchhandlungen sind magische Orte*, und wer liest, steht vielleicht nicht unbedingt über den Dingen, denn so leicht ist das nun auch wieder nicht, doch er versteht sich auf die Kunst, die Dinge ein wenig gelassener anzugehen. Und er bekommt überdies Erfahrungen vermittelt, die er schon mal nicht mehr selber machen muss.❡

So simpel ist das alles im Grunde. So verdammt simpel. *Das Glück ist für neun neunzig (oder so) in jeder Buchhandlung zu haben.*❡

Glauben Sie ja nicht, dass ich das alles nur schreibe, weil ich Buchhändlerin bin! Natürlich ist eine gewisse Parteilichkeit nicht auszuschließen, aber es lässt sich schwer von der Hand weisen: Bücher haben zum einen den immensen Vorteil, dass ihre Lektüre etwas höchst Entspannendes hat – selbst wenn man Spannendes liest – und dass sie uns, so es sich um Sachbücher

Das Glück ist für neun neunzig in jeder Buchhandlung zu haben.

handelt, umfassend ins Bild setzen. Bücher speisen uns in der Regel nicht mit kleinen Wissensbröckchen ab wie das Internet, nein, Bücher werden, zumindest meistens, von Leuten geschrieben, die mächtig über eine Sache nachgedacht haben. Und die wissen, was anliegt.❡

Das Internet ist ja ganz praktisch, wenn ich eine Zugauskunft will oder eine Adresse oder weiß der Himmel was sonst – nein, ich will hier auch gar nichts Ab- oder Geringschätziges über diesen gigantischen Informationspool sagen, über den jetzt jeder verfügen kann. Toll. Sagenhaft. Aber geben Sie in irgendeine Ihrer Suchmaschinen doch zum Beispiel mal das Stichwort „Hormone" ein. Sie werden verrückt! Wer soll denn das alles lesen? Gehen Sie in eine Buchhandlung, fragen Sie eine(n) der netten Buchhändler oder Buchhändlerinnen (Buchhändler sind nämlich immer nett, selbst wenn viele von uns die bedauerliche Neigung haben, mit solchen unsäglichen, wie soll ich sagen, *Kulturträgerbrillen* herumzulaufen), plaudern Sie ein wenig, trinken Sie einen Kaffee – und bummeln Sie später ganz entspannt mit der fetten Beute eines höchst angenehm verbrachten Nachmittags aus dem Geschäft. Das, Freunde, ist das wahre Leben! Der Duft und die Atmosphäre einer richtig guten Buchhandlung – hält das einen Vergleich aus mit diesem piepsendem Modem und diesen xybay-Reklamen, die einen jetzt von überallher anspringen? Wie viel angenehmer ist da doch ein Besuch in einer Buchhandlung oder auch in einer schönen, stillen Bibliothek, in der grüne Lampen auf den Lesetischen stehen und wildfremde Leute einem plötzlich zulächeln?❡

Lesen ist immer noch die angenehmste Art, mit halb geschlossenen Augen durch Raum und Zeit zu surfen. Das ist im Grunde das ganze Geheimnis: Wirkliche, echte Leser, die sich auf die Kunst des *Abschaltens* verstehen (abschalten wie in: „Sie können den Computer jetzt abschalten"), schlagen zwei Fliegen mit einer Klappe – sie erfahren immerzu Neues, Interessantes, das man sich überdies auch viel leichter merken kann, weil es nicht in bildzeitunghaften Kurzinfos daherkommt, mit denen uns das Internet gern abspeist. Und zweitens tun Leser, echte Leser, ganz intuitiv genau das, was allem Stress am besten entgegenwirkt – sie lesen sich *in aller Seelenruhe* fest. Und wenn sie gerade einmal nicht lesen können, weil der Alltag mit seinen banalen Forderungen bewältigt werden muss, dann freuen sich darauf zu erfahren, wie es wohl weitergeht.❡

Deswegen habe ich in meinem Büro auch stets einen Roman deponiert, in dem ich immer nur stückchenweise lese – ich beherrsche diese Technik seit meiner Jugend in

Jever, wo ich immer irgendetwas Nettes in einem Spül-
kasten auf der Mädchentoilette deponierte, und das half
mir stets übers Ärgste hinweg. Auch später, als ich in der
Schweiz für einen ziemlich freudlosen Verein arbeitete,
hielt ich es ähnlich: Da las ich Heidenreich auf dem Klo
oder Robert Gernhardt, Joseph von Westfalen oder Saki,
alias Hector Hugh Munroe. Allerdings flog die Sache eines
Tages auf, als sich eine Kollegin, die stets so unterdrückte
Juchzer aus meiner Zelle vernahm, eine Leiter besorgte –
wozu schon einiges an krimineller Energie nötig ist – und
über den Rand lugte, weil sie hoffte, mich in flagranti
zu erwischen, das Aas. Sie verpfiff mich tatsächlich, mit
dem Erfolg, dass ich schlotternden Knies zu Herrn Egeli
geschickt wurde – der mich als Erstes fragte, ob ich ihm das
Buch, das mich da so amüsiere, nicht ausleihen könne. Er
hätte nämlich zur Zeit nichts zu lachen … So lernte ich den
wunderbaren Roman Egeli kennen, den Mann mit den
innen angerauhten Baumwollunterhosen und den Listen
der Dinge, für die er dankbar ist. Noch heute schicke ich
ihm Carepakete mit Büchern darin, David Sedaris zum
Beispiel oder auch Bill Bryson, den niemand lesen kann,
ohne eine Großpackung Kleenex in Reichweite zu haben.

So lese ich mich denn zuweilen, wenn mir alles zu viel
wird, auch im Büro fest, und da ich manchmal die Zeit
darüber vergesse, haben mir meine Kolleginnen origineller-
weise unlängst eine Kuckucksuhr geschenkt.

Allerdings haben sie nicht bedacht, dass man an Orten,
wo man Rechnungen aufmacht und Kontoauszüge sichtet,
keine Kuckucksuhren aufhängen sollte – vor allem seit so hef-
tig globalisiert wird und die Banken dieses geniale Rating-
System erfunden haben. Das habe ich kürzlich (so ähnlich)
in einem von diesen Feng-Shui-Büchern nachgelesen.

Offensichtlich mache ich in der Hinsicht überhaupt alles falsch. Bei mir steht auch der Papierkorb in der Geldecke, womit endlich erklärt ist, warum ich finanziell nie auf einen grünen Zweig komme! Jedenfalls stand in diesem Buch, dass einen dieses ewige Kuckuck, Kuckuck in den Wahnsinn zu treiben vermag oder gar in ein frühzeitiges Grab. Da mir nach beidem der Sinn nicht sonderlich steht, habe ich daraufhin meinen Mann gebeten, mit seinen geschickten Chirurgenhänden diesem Vogel den Kuckuck rauszunehmen, was er auch tat. *No money honey.* Danach rief das Tier *Kitkat, Kitkat* und spielt somit alle halbe Stunde auf unsere Vorliebe für diese köstlichen Schokoladenwaffeln an, die wir uns hier öfter genehmigen und mit denen wir auch Kunden trösten, wenn sie gerade ein wenig Zuspruch in Verbindung mit tätiger Nächstenliebe brauchen. Kitkat hilft immer. Aber dieses *Kitkat, Kitkat* alle naselang war denn doch mehr, als ich ertragen konnte. Inzwischen habe ich – unter Umgehung unseres älteren Sohnes, dem zweifellos eine andere Teufelei eingefallen wäre – unseren Johannes gebeten, doch mal nachzusehen, was man mit dieser Uhr anfangen kann, und das gute Kind hat mir eine Spieluhr eingebaut, die mich alle halbe Stunde an Christianssiel und an die untergegangene Welt meiner Großeltern erinnert. Jetzt erfreut mich meine Kuckucksuhr mit den zauberhaften Mozartklängen, an die früher einmal so manches Glockenspiel erinnerte: „*Üb immer Treu und Redlichkeit*".

Das rührt mich stets zu Tränen, vor allem wenn ich gerade mal wieder entdeckt habe, dass mir da einer – unter Hinterlassung sämtlicher Verpackungsutensilien – einen Pelikanfüller für hundertfünfzig Mark gestohlen hat. Oder sämtliche Mokkalöffel vom Kaffeetisch. So etwas macht mich immer ganz traurig.❡

Solche *Wortfossilien* wie Redlichkeit, Anständigkeit, Anstand etc. lagern heute, scheint mir, höchstens noch als Exponate *Numero 2567b, c und d* in den Kellern irgendwelcher Museumsdepots, wo sie – wenn überhaupt – einmal jährlich jemand abstaubt. Wahrscheinlich hofft die Museumsleitung, dass damit überhaupt mal einer stiften geht, denn wenn's nach denen da oben geht, können ihnen diese verstaubten Werte und Tugenden von anno dunnemals gestohlen bleiben. Vielleicht kommt aber auch mal ein Spracharchäologe darauf, diese längst vergessenen Werte als Überreste einer *präglobalisierten Gesellschaft* zu etikettieren und in den Glassärgen eines Museums auszustellen, wo sie kaum mehr einer eines Blickes würdigt, wer weiß? Ich halte inzwischen alles für möglich, obwohl man so dumm, wie's dann tatsächlich kommt, fast gar nicht denken kann.❡

Einstweilen sind immerhin die zwanzigtausend Buchhandlungen, die es in Deutschland gibt, die Orte, an denen man noch nachlesen kann, was einst mal wichtig war. Solange es Buchhandlungen gibt, ist Polen noch nicht verloren.❡

3

Summa
Summarum:

Über die
Kunst und
das Vergnügen,
sich ganz einfach
nicht (mehr)
zu ärgern

Frieden findet
man nur
in den Wäldern.

MICHELANGELO

Als mir Tristan Niemöller damals seine Sammlung von Schulaufsätzen vermachte, gab er mir auch noch ein paar Entwürfe mit, die auszuführen er, wie er fühlte, nicht mehr die Zeit hatte. Er wusste, dass ich schrieb, und er fand wohl, dass seine Aufzeichnungen, die zu verwenden ich seine ausdrückliche Erlaubnis habe, bei mir am besten aufgehoben waren.❡

Er wollte ein Buch *über die Kunst schreiben, sich ganz einfach nicht mehr zu ärgern,* denn die, fand er, sei der *Schlüssel zu aller Lebenskunst.* Wer sich nicht mehr ärgert, weil nämlich im Grunde alles Kleinkram ist, über den sich aufzuregen nur Zeitverschwendung bedeutet, den kann im Grunde nichts mehr anfechten. Wer über den Dingen steht, rechnet stets mit dem, was Tristan die *Tücke des Objekts* nannte: Einem uralten Gesetz zufolge dauern die Dinge nämlich *stets genau doppelt so lange wie geplant und werden immer doppelt so teuer, wie man für den schlimmsten Fall angenommen hat.* Jeder, der einmal ein Haus gebaut hat, wird diese Erfahrungstatsache bestätigen, schätze ich mal. Kluge Leute wissen, dass alles Planen selten den *Faktor Zufall* berücksichtigt und dass Zufälle, so sie sich vernachlässigt fühlen, besonders gern dann eintreten, wenn man überhaupt nicht mit ihnen rechnet. Weswegen alles Planen, das über ein bestimmtes Maß hinausgeht, ohnehin für die Katz ist. Über den Dingen hingegen steht, wer ihnen Luft lässt (und vor allem *Zeit*) und wer davon ausgeht, dass sie mit Vorliebe anders kommen als gedacht: Dann hat man nur noch die Hälfte des Stresses, der anderen zu schaffen macht, und außerdem ist das *Leben voll angenehmer Überraschungen,* wenn sich denn doch alles so fügen sollte, wie gewünscht. Was will man mehr? Da kann einem doch alles allzu positive Denken gestohlen bleiben!❡

Ich habe *Tristans Gesetz von der Tücke des Objekts* stets bestätigt gefunden. Wer einen Ofen hat wie Puff, den wirft so leicht ohnehin nichts mehr aus der Bahn. Im Gegenteil – man freut sich, wenn er denn doch mal brennt. Alles Unvollkommene, scheint mir, hat überdies den Charme des Eigenwilligen und ich finde, dass man sich auch durch allzu viel Perfektionismus die Freude am Leben verderben kann. Gegen Perfektionismus, das fand auch Tristan, sollte man ohnehin beizeiten etwas unter-

Alles Unvollkommene hat überdies den Charme des Eigenwilligen.

nehmen – di*e Kunst, fünfe gerade sein zu* lassen, nicht genau hinzusehen und das Leben, die Dinge und die Menschen um uns herum nach dem *Was-ich-nicht-weiß-macht-mich-nicht-heiß-Grundsatz* zu betrachten – das erspart einem jede Menge Ärger und vermittelt ein Gefühl wunderbarer Ruhe.❡

Tristan hatte im Rahmen seiner Recherchen zur *Kunst, durch die Finger zu sehen,* auch eine „Naturgeschichte des Ekelpakets" in Arbeit. Denn Ekelpakete fallen bei ihm ebenso unter Kleinkram wie nahezu alles, was kein Hoch-wasser ist. Diese Studie dürfte besonders interessant für all diejenigen Stressgeplagten sein, die unter *fremdbestimmtem* Stress leiden. Der ist besonders schlimm, weil sich nicht allzu viel dagegen tun lässt. Doch man kann auch unange-nehmen Leuten zeigen, wo's langgeht, sonst ändert sich nie etwas. Mit stoischer Ruhe allein kann man die Welt wohl nicht retten. „Ab und zu sollte man", so drückte es Tristan aus, „auch Besserwissern und anderen Charmebolzen gegenüber seinen pädagogischen Auftrag wahrnehmen."❡

Tristan Niemöllers Materialsammlung ist überwältigend. Die oben erwähnten Doctores Widerborst und Scheinheil kommen darin natürlich auch vor – ebenso wie andere von

Mundgeruch, Hämorrhoiden oder weiteren Zipperlein befallene Zeitgenossen, deren Krankheiten beweisen: Im Grunde schlägt sich ihnen das, was sie da tagtäglich tun müssen, selber furchtbar aufs Gemüt.¶

Heute weiß man: *Wer sich ständig in einer Rolle gefangen sieht, die gegen sein Gefühl geht, wird irgendwann unweigerlich krank.* Denn niemand kann auf die Dauer gegen sein Gewissen anleben und gegen den Wunsch, den alle Menschen gleichermaßen haben: *anderen zu nützen und vom eigenen Ich abzusehen.* Das war eine evolutionäre Notwendigkeit, sonst hätte die Menschheit gar nicht überleben können. Wir sind in erster Linie soziale Wesen, so viel steht heute fest. Und fünfzig Jahre Individualismus (sprich: Umerziehung zum konsumfreudigen Egoisten) haben daran nicht allzu viel ändern können. Wer ein im ethischen Sinne zweifelhaftes, unsoziales Gewerbe betreibt, leidet im Grunde, weil er gegen das anlebt, was ihm eigentlich im Blut steckt. Im Grunde ganz einfach. Unser Lebensglück hat mächtig mit dem zu tun, was wir tagtäglich tun, und mit dem *Sinn*, der darin zu erkennen ist.¶

Das klingt banal, ich weiß – und doch gibt es Abertausende von Menschen, die ihren Lebenszweck im Klinkenputzen (beispielsweise) zu erblicken versuchen oder auch in der moderneren Variante dieses Berufs – dem Telefonmarketing zum Beispiel: Das ist etwas ganz Übles. Da rufen einen wildfremde Leute an, fragen sich mit fadenscheinigen Erklärungen („Es handelt sich um eine Privatsache") zu den Entscheidungsträgern eines Haushalts oder einer Firma durch, erzählen einem dann was vom Pferd oder auch von Kindesmissverbrauch und dass die Polizei in Entenhausen dazu gerade eine an alle Haushalte zu verteilende Informationsbroschüre vorbereitet. Und dass man als anständiger

Mensch darin doch werben *muss*, „weil man ja was tun muss". Kostenpunkt: schlappe zwölfhundert Euro (plus Märchensteuer) für eine briefmarkengroße Anzeige. Wenn man nicht inzwischen längst wüsste, was abgeht, könnte einen doch glatt das Messer in der Tasche aufklappen bei so etwas.

Wir wissen natürlich alle, wie der Hase läuft. Und doch gibt es nicht viel, was sich dagegen tun ließe. So viele unserer Zeit- und Leidensgenossen sehen sich inzwischen in den Zwängen eines Wirtschaftssystems gefangen, das sich schon lange gegen uns gewandt hat. Aber daran lässt sich jetzt auch nichts mehr ändern, denn der Zug ist abgefahren. (Oder? Es gibt da ja noch die Notbremse, die wir vielleicht reinhauen könnten …) Mich tröstet nur, dass die Cliquen, die uns verwalten, so wie andere Sozialgestörte auch, wahrscheinlich mehr Stress mit sich selbst und dem, was sie tun, haben als der Normalsterbliche, der in allen Dingen seinem Herzen folgt und der Stimme seines Gewissens.

Deswegen, so Tristan Niemöller, ist es weise, den Ekelpaketen (denen es gerade wieder einmal gefällt, uns das Leben schwer zu machen) ganz einfach *zu verzeihen*. Das fällt leicht, wenn man erkennt, dass sie *im Grunde zu bedauern sind*. Sie gehen nämlich am Glück vorbei,

> *Es ist weise, den Ekelpaketen ganz einfach zu verzeihen.*

am Lachen und am Lieben und kriegen irgendwann – wenn schon nichts Schlimmeres – *Mundgeruch*, dem man auch mit Magenpillen nicht mehr beikommt.

Tristans Königsweg zur Überlegenheit ist – wie alle Königswege – leicht gangbar: Man bedaure den Aggressiven, denn er ist nicht nur ein Schwein, sondern auch und vor allem *ein armes Schwein*. Wenn man diesem Gedanken einmal näher getreten ist, wird plötzlich alles leicht.

Die folgenden Tipps dürften im Umgang mit Freaks das Schlimmste verhindern, nur sind sie leider nicht bei Eurokraten und anderen *hochrangigen* Windbeuteln anwendbar, die in ihren VIP-Lounges in die Gänseleberpastete hauen und sämtlichen Kontakt mit dem niederen Volk (den Leuten wie Sie und ich also) tunlichst meiden. ❡

Im Normalfall, das heißt im Umgang mit dem gemeinen Feld-, Wald- und Wiesenkotzbrocken hilft jedenfalls schon mal ein beruhigendes, blutdrucksenkendes: „Nun machen Sie mal halblang". Auch das klassische: „Nun mal langsam mit die jungen Pferde" kann man prima anwenden, wenn uns etwas über die Hutschnur geht. Überhaupt lassen sich brenzlige Situationen durch *bewusst langsames Reden und Reagieren* davor bewahren, außer Kontrolle zu geraten. ❡

„Nun mal langsam mit die jungen Pferde."

Ruhe, auch wenn sie nur gespielt ist, wirkt immer. Es gibt eine Fraktion, die ein unbewegliches *Pokerface* zur Stressbewältigung empfiehlt, aber Tristan neigte eher einem überlegenen *Mona-Lisa-Lächeln* zu. Es schadet durchaus nicht, schrieb er, wenn man ein bisschen so klingt wie Oberschwester Gertrud und den Aggressiven ein wenig mit der für medizinisches Pflegepersonal typischen *Herablassung* behandelt. Am besten redet man mit diesen Leuten wie mit einem kranken Pferd, das hilft schon mal das Schlimmste zu vermeiden. ❡

Eine geniale Abwehrtechnik, die allerdings so einiges an Übung erfordert und an Geistesgegenwart, ist absichtliches Missverstehen. Das heißt: Man *stellt sich ganz einfach dumm* so wie MacDuff, auch wenn's schwer fällt. Man kann zu diesem Behufe den Unterkiefer ein wenig herunterhängen lassen und so den Eindruck erwecken, als verfüge man

(wenn überhaupt) über einen einstelligen IQ. Dann glaubt derjenige, der uns da gerade ans Bein (pardon) pinkeln will, man sei ein leichtes Opfer. Aber da hat er sich geschnitten, was ihm allerdings erst dann bewusst wird, wenn's zu spät ist. Hah!

Tristan erzählt in seinen Aufzeichnungen die Geschichte eines berühmten Mediziners, der um die Jahrhundertwende in Berlin lebte und forschte. Eines Tages kam so eine Maschine zu ihm in die Sprechstunde, eine nicht gerade gertenschlanke Dame der Gesellschaft, während Virchow noch in etwas vertieft war, was er gerade im Mikroskop sah. Er bat seine Patientin, sich schon mal einen Stuhl zu nehmen, doch diese Missachtung ihrer Person war der Dame wohl zu viel. „Ich bin die Frau Obergerichtskammerpräsidentin XY XY etc.!", betonte sie, woraufhin Virchow, der sich nicht weiter stören ließ, sie nur kurz anblickte und empfahl: „Na, denn nehm Se sich ebent zwo Stühle."

Sich bewusst dumm zu stellen und den anderen zu missverstehen bewirkt also meist die schönsten Ergebnisse. Vor allem, weil das Ekelpaket erst einmal darüber nachdenken muss, wie das Ganze wohl gemeint ist. Es befürchtet einen Doppelsinn, und wenn es etwas gibt, wovor sich Ekelpakete fürchten, dann sind es Zweideutigkeiten. Was auch erklärt, warum unangenehme Zeitgenossen so selten Humor haben.

Nun will dieses Sich-dumm-Stellen allerdings gelernt sein. Außerdem gibt es Situationen, wo ohnehin Hopfen und Malz verloren ist.

Wenn die Lage so verfahren ist, dass einem nichts Passendes mehr einfällt, kann man immer noch ein paar ironische Standardfloskeln anwenden, die man am besten auswendig lernt: „Wie *äußerst* nett Sie sind! Danke! Sie waren mir eine *große* Hilfe, junger Mann!" Oder: „Es ist doch immer wieder eine Freude, so nette, hilfsbereite, verständnisvolle Menschen wie Sie zu treffen." Das „junger Mann" können Sie übrigens immer anwenden, egal wie alt dieser Widerborst nun ist. Ich verwende dieses „junger Mann" sehr gern, denn es kommt je nach Situation auch *sehr positiv* rüber: Ein mittelalterlicher Herr freut sich stets wie ein Schneekönig, wenn eine hübsche Buchhändlerin zu einer anderen hübschen Buchhändlerin sagt: „Könntest du für *den jungen Mann* wohl mal eben die Karte durchziehen?" Nicht dass wir uns missverstehen – ich bin *nicht hübsch*, nie gewesen, sondern ich beziehe mich hier lediglich auf meine Kolleginnen, die alle nicht nur sehr nett sind und sehr belesen und ausgeglichen, sondern auch äußerst hübsch. Wenn man erst mal in meinem Alter ist, ist ein einziges „Fräulein" durchaus in der Lage, die so Angesprochene glücklich zu machen. Man verlangt ja gar nicht mehr viel. Wer hätte das gedacht? Was man mit zwanzig schrecklich fand, darüber freut man sich jenseits der vierzig, auch wenn man nur aus Versehen als „Fräulein" tituliert wird. Leider passiert mir das nur mehr sehr selten. (Letzte Woche war jemand da, der aber sehr kurzsichtig war – und da gilt das dann wohl nicht – oder? Na ja.)❡

Dieses „junger Mann!" jedenfalls kann man wie Thymian beim Kochen gar nicht hoch genug dosieren („never enough thyme" besagt eine alte und durchaus beherzigenswerte Küchenregel, wenn sie auch englisch ist). Da wird der Betreffende gleich zehn Zentimeter größer und lächelt stolz. Männer bekommen nämlich so gut wie nie Komplimente, was eigentlich schade ist. Denn Männer haben seit Adams Zeiten die Gewohnheit, miteinander zu konkurrieren und

„Never enough thyme."

den anderen (mehr oder weniger bewusst) herabzusetzen. Auch stellen Männer immer erst mal eine Hierarchie her, wenn sie pulkweise auftreten. Ein (heterosexueller) Mann sagt einem anderen nie, dass er gut aussieht. (Wenn ich ein Mann wäre, wäre das, fände ich, fast ein Grund, um schwul zu werden.) Und eine Frau kann schon mal deswegen nichts sagen, weil dadurch vielleicht der Eindruck entsteht, sie hätte ein Auge oder auch zwei auf ihn geworfen. Das ist eine fast schon tragische Zwickmühle. Denn jeder Mensch (ohne Ansehen der Person, des Alters oder des Geschlechts) – *jeder Mensch braucht wenigstens einen anderen Menschen, der ihm ab und zu etwas Gutes sagt,* so, wie meine Zimmerlinde ihre wöchentliche Dosis Dünger und ein wenig Ansprache nötig hat.❡

Was mich an Father Brian, meines Mannes besten Freund, erinnert, der irgendwann von einem Heimaturlaub in den Staaten einen Autoaufkleber mitbrachte. Darauf wurde empfohlen: „Practice random acts of kindness". Dieser Rat lässt sich wohl nur schwer angemessen ins Deutsche übersetzen. *Random* ist eigentlich die Willkür, so dass man mit einem: „Tu etwas Freundliches ganz einfach nach dem Zufallsprinzip" wohl ungefähr hinkommt. Das ist das Wunderbare an Amerika: Die Menschen sind dort im Durchschnitt freundlicher zueinander als hierzulande, scheint mir. Für die Politiker, die sie regieren, können sie schließlich genauso wenig wie wir für unsere. In Amerika kann es Ihnen geschehen, dass Sie im Rahmen eines solchen random-acts ganz spontan eine Rose von jemandem geschenkt bekommen, der *Ihnen nichts verkaufen* will, und das ist irgendwie schön. Und in Amerika wird man, wenn jemand niest, auch weiterhin „Gesund-

Tu etwas Freundliches ganz einfach nach dem Zufallsprinzip.

heit" sagen – auf *Deutsch* wohlgemerkt, denn dieses *Ge-*
sundheit gehört zu den wenigen deutschen Wortimporten
Amerikas, neben *Kindergarten, Rucksack, Zeitgeist, Wander-*
lust, Angst und – *Fahrvergnügen.* Wenn ein Amerikaner
Faffaniggen auszusprechen versucht, klingt das zwar eher
wie eine türkische Süßspeise, aber er freut sich immer,
wenn er es geschafft hat. Das deutsche *Faffaniggen* ist stets
Ausdruck purer Lebenslust und mir geht immer das Herz
auf, wenn ich's höre. Oder wenn ein Dreijähriger mit
seinem Kinderstimmchen seiner (niesenden) Mutter: „God
bless you Mama", wünscht. Unser neuer *Knigge* hat
dagegen inzwischen entschieden, dass dieser freundliche
Wunsch *nicht mehr zeitgemäß* ist und dass sich stattdessen
der Niesende zu entschuldigen hat! Echt wahr! Jetzt wird
die Gleichgültigkeit dem anderen gegenüber also auch noch
per *Knigge* sanktioniert!❡

Es ist zum Auswachsen: Diese Welt wird so kalt, so
(pardon) *arschkalt,* dass der Eiskeller, in dem ich wohne,
sich daneben ausnimmt wie eine finnische Sauna.❡

Deswegen werden diese *Random-acts-of-kindness* (s. o.)
immer wichtiger. Wer es sich zur Aufgabe macht, jeden Tag
(mindestens) einen Menschen glücklich zu machen, wobei
er ganz einfach nach dem Zufallsprinzip vorgehen kann,
der hat gewonnen. Denn es macht glücklich, andere glücklich zu machen – und sei es „nur" der UPS-Mann, der an
die Tür kommt und mit gehetztem Blick um die Unter-
schrift bittet. Die armen Kerle stehen immer unter so
entsetzlichem Zeitdruck, dass ihnen der saure Schweiß
ausbricht.❡

Meine Großmutter hatte stets eine Schublade voller
Süßkram, mit dem sie nicht nur Kinder beglückte – sondern
auch und vor allem Menschen, die vom Leben wieder mal

tüchtig gebeutelt in unser Haus kamen und denen sie sozusagen als Erste-Hilfe-Maßnahme erst einmal ein Milky Way schenkte, bevor sie ihnen ganz behutsam das Gefieder glättete. Später, als es diese Lila Pausen gab, verschenkte sie jede Menge davon, gerade auch an die Patienten meines Großvaters. Denn meine Großmutter glaubte an Schokolade, an die Kunst der Pause und daran, dass ein Lächeln die kürzeste Verbindung zwischen zwei Menschen ist. Auch war sie der festen Überzeugung, dass diese Welt ein bewohnbarer Ort bleibt, wenn wir nach Pfadfindermanier jeden Tag eine gute Tat vollbringen.

Das klingt entsetzlich naiv, ich weiß, denn Pfadfinder haben durch ihre Kluft und ihre Halstüchlein, ihre Klampfen und vor allem diesen Tick mit ihren Lagerfeuern etwas, was manche Leute gefährlich an die HJ erinnert, und deswegen ist so etwas natürlich politisch nicht mehr korrekt. Doch man tut den Pfadfindern Unrecht.

Jeden Tag eine gute Tat, jeden Tag einen Menschen glücklich machen – wenn wir darin das oberste moralische Prinzip erkennen (und entsprechend handeln) würden, dann wäre alles in Butter. Dann ließe sich die Welt ganz leicht retten.

Ja, ja, ich weiß. Solche Utopien können natürlich nur auf dem Mist einer Landpomeranze wachsen, einer hoffnungslos optimistischen Provinzbuchhändlerin, die ein bisschen zu viel Werfel gelesen hat. Aber wir können wirklich etwas ändern – jeden Tag.

Father Brian hat übrigens diese fabelhafte *Postkarten-Technik,* um andere glücklich zu machen. Er verschickt, da er ein wirklich guter Hirte ist und nicht überall gleichzeitig sein kann, jede Menge davon an seine Schafe – aber nicht (nur) die mit bunten Bildchen und frommen Sprüchlein drauf, sondern besonders gerne auch Postkarten mit Zitaten oder selbst fabrizierten Texten, deren Sinn sich oftmals nicht sofort erschließt. Das ist der Trick dabei: Diese Zitate müssen offen sein für die Phantasie dessen, der sie des Morgens in seinem Briefkasten findet – und dessen Seele gleich die Verbindung zu dem herstellt, was ihm gerade zu schaffen macht. Das geschieht ganz von allein. Ich bin sicher, dass Father Brian damit so manchen davor bewahrt hat, im Suff oder in anderen, möglicherweise noch schlimmeren Formen der Verzweiflung zu landen. ❡

Einer von Brians Rennern ist eine der Karten, die er seine Kleinen im Religionsunterricht herstellen lässt. Darauf ist eine völlig schwarze Farbfläche zu sehen mit einem kleinen weißen, *sternförmigen* Punkt in der Mitte: Licht am Ende des Tunnels steht darunter, das ist alles. Mit einem scharfen Gegenstand kann der so Beschenkte die obere schwarze Wachsschicht anritzen – und darunter kommen wunderbare Regenbogenfarben zum Vorschein. Auf manchen Karten lässt Brian nur ein Matthäus 6,28 schreiben. Mehr nicht – das ist so seine sehr praktische Art, Religionsunterricht zu halten. Die Kleinen schicken inzwischen begeistert Postkarten in alle Welt: Manche bestehen aus kaum mehr als einem Smilie oder einer von Kinderhand gemalten Sonne, einem Regenbogen oder einem Baum, dem das Zitat mit dem Apfelbäumchen hinzugefügt ist. Auch Brian verschickt dieses wunderbar hoffnungsvolle Zitat sehr gern: „Wenn morgen die Welt unterginge, so würde ich heute noch ein Apfelbäumchen pflanzen", das Martin Luther zugeschrieben wird, sich aber weder in seinen Schriften noch seinen Gesprächen nachweisen lässt. Er schreibt den Text auf ein Stück C6-große Pappe und klebt mit Tesafilm

Wenn morgen die Welt unterginge, so würde ich heute noch ein Apfelbäumchen pflanzen.

einen *Apfelsamen* oben darauf. Oder ein paar Sonnenblu-
menkerne. Eine seiner Karten hat er so raffiniert illustriert,
dass man sie nur an einer Ecke aufzuknicken braucht, und
schon wird daraus eine Sonnenuhr, die der schöne alte und
vor allem sehr weise Spruch ziert: „Mach
es wie die Sonnenuhr, zähl die heitren
Stunden nur." Manchmal schreibt er den
Anfang eines Märchens darauf oder er
denkt sich eine Geschichte zu der Brief-
marke aus, die er aufklebt oder er verziert die Marke nach
Gusto– indem er ihr per Sprechblase irgendwelche Texte in
den Mund legt. Er verschickt auch Karten mit getrockneten
Blättern darauf, Eichen vor allem, die er mit Texten von
Lutherischer Sprachgewalt schmückt: *„Was kümmert's die
Eich, wenn sich die Sau dran reibt?"*, was stets besonders gut
ankommt.

> *„Was kümmert's die
> Eich, wenn sich
> die Sau dran reibt?"*

Es hat Leute gegeben, die schon mit dem Leben abge-
schlossen hatten und die ihn unter Tränen anriefen, um
sich für die Karte zu bedanken. „Wie viel Licht sich auf
postalischem Weg in die Welt bringen lässt mit etwas so
Simplen wie einer selbst gebastelten Postkarte, ist schon
unglaublich", wundert sich Brian zuweilen. Er hat ein
Adressbuch, das den schönen Text trägt: „Heute schon
jemanden glücklich gemacht?", und daraus sucht er sich
jeden Tag – nach dem *Zufallsprinzip* – Menschen aus, die er
daran erinnert, dass sie nicht ganz allein sind. Ich weiß
nicht, wie er das macht, unser guter Father Brian, und
wahrscheinlich hat auch der Heilige Geist dabei seine
Finger im Spiel, aber die Wirkungen dieser Postkarten sind
bemerkenswert.

Als er kürzlich in meiner Buchhandlung war und mit-
bekam, dass ich stets zusammenzuckte, wenn dieses Tele-

fon klingelt (ein untrügliches Stress-Symptom übrigens), schenkte er mir beim Abschied ein Lesezeichen, das er statt mit einem Band am unteren Rand mit einem Stück Telefon-draht verziert hatte. Darüber stand zu lesen: *Schnullos* (= *schnurlose Telefone) sind out, denn jetzt gibt es Telloschnus, tele-fonlose Schnuren, die sind das einzig Wahre.* Was mich an meines Großvaters Faustregel erinnert: *„Wenn man am Montag- oder Dienstagmorgen schon einen Hammer nehmen könnte, sobald das Telefon klingelt, sollte man dringend etwas gegen den Stress in seinem Leben unternehmen."* Wie wahr. Aber das ist eben alles leichter gesagt als getan.❡

Die Kleinen basteln im Religionsunterricht von Father Brian auch gerne eine Karte, die lediglich ein kleines, aus-geschnittenes Herz ziert. Daneben ist ein Pfeil zu sehen mit dem unglaublich wahren Text: *Wenn Du da durchkuckst, hast Du den vollen Durchblick.* Das „Du" schreibt Brian übrigens – trotz Rechtschreibreform – immer noch groß. Obwohl es in der Briefanrede ja jetzt offiziell kleingeschrie-ben werden soll. („Das ist wieder mal typisch", findet er, „da wird von offizieller Seite ganz einfach so bestimmt, *dass der andere kleingeschrieben* wird – im wahrsten Wortsinne. Ist das Zufall? Wohl kaum. Es ist nur das logische Ergebnis einer jahrzehntelangen Gehirnwäsche.")❡

Father Brian würde sich übrigens freuen, wenn jeder, der diese Zeilen liest, solche Ideen ganz einfach für *seine eigenen flächendeckenden Mailings* nutzen würde – ja, wenn man einmal damit angefangen hat, kriegt man gar nicht genug davon. Plötzlich rufen einen Leute an, von denen man jahrelang nichts gehört hat und deren Stimme sich vor Freude überschlägt. Es scheint unglaublich und doch ist es wohl so: *Das Glück ist zur Zeit für einundfünfzig Cent zu haben.*❡

Doch bevor ich's vergesse: Schicken Sie uns bitte auch jeweils ein Exemplar Ihrer Kreationen – mit der ausdrücklichen Erlaubnis, dass alle Ideen von allen (ohne Copyright-Probleme zu bekommen) kopiert werden dürfen. Vielleicht machen wir daraus ein Postkartenbuch. Wie wäre das? Ist der Gedanke, dass jeder von uns einen solchen Hoffnungsstrahl in alle Welt verschicken kann, nicht wunderbar? Und dass jeder, der so einen Strahl bekommt, ihn weiterschicken darf? Basteln Sie, schreiben Sie, malen Sie – und schicken Sie uns Ihre Postkarte nach Rothenburg. Die Adresse finden Sie hinten im Buch. ¶

Wir können – entgegen anders lautenden Behauptungen – alle etwas tun, um diese Erde in einen bewohnbaren Ort zurückzuverwandeln. ¶

Denn nach diesem Postkarten-*Schnellballprinzip* funktioniert überhaupt alle Freundlichkeit: Wenn man morgens früh in der U-Bahn irgendjemandem sein schönstes Lächeln schenkt und ihm vielleicht noch zunickt – *egal wem* –, dann beginnt der Tag ganz anders als sonst und vielleicht, nein, ganz bestimmt sogar, wirkt sich das wiederum auf andere und wiederum auf andere und wiederum auf andere aus. ¶

Wenn das kein schöner Gedanke ist! Das erinnert mich an ein Aufsatzthema, das Tristan uns einst gab: „Der schönste Gedanke der Welt". Er hat sie alle gesammelt, diese wunderbaren, kindlichen Weltverbesserungsvorschläge, die so manch einer seiner jungen Künstler in die verschiedensten literarischen Formen gepackt hatte – in Parabeln zum Beispiel, von denen die meisten Zehnjährigen noch nie etwas gehört hatten. ¶

Wenn man zehn ist, weiß man noch, was der Welt fehlt. Später vergisst man's dann oft. Wenn man zehn ist, erkennt man in Pusteblumen noch die Möglichkeit, dass man sich etwas wünschen darf, während die Samen in alle Winde fliegen – während Erwachsene darin eigentlich nur noch Unkraut sehen.❡

Deswegen haben Leute, die über den Dingen stehen, anderen im Grunde nur eines voraus: Sie verstehen sich auf die Kunst, unvoreingenommen, spontan, spielerisch, also kindlich zu denken und zu handeln. Und vor allem uneigennützig. Ein Kind denkt, wenn es ganz selbstvergessen und *selbst-los* ein Bild malt, das es seiner Großmutter schenken möchte, nicht daran, dass es Geld dafür bekommt. Geld ist für wirklich schöpferische Menschen erst mal völlig unwichtig. Denn der Kreative ist durch die Glücksgefühle, mit denen Mutter Natur ihn bei der Stange hält, schon hinreichend belohnt. Das Geld dafür ist nur so etwas wie das Sahnehäubchen, das den Abschluss bildet.❡

Ein bisschen Bares erlaubt uns nur, neue Aquarellpinsel zu kaufen und statt der billigen chinesischen Pastellkreiden die guten von *Sennelier* zum Beispiel – aber ansonsten sind wirklich originellen (Lebens-)Künstlern die Finanzen ziemlich schnuppe. Man kann ohnehin immer nur eine Hose anziehen, findet mein Nachbar Karl Blaurock. Und ob so ein Beinkleid von Boss ist oder von C&A, ist im Grunde gleich. Nur Leute, die die Weisheit nicht gerade mit Löf-

„Koofen kann jeder."

feln gefressen haben, lassen sich noch von Marken beeindrucken und fahren über die Alpen in irgendwelche *Factory-Outlets* in der Nähe von Mailand, um irgendwelche Gepäckstücke zu erwerben, auf denen die richtigen Initialen stehen. Mein Gott – manche Leute haben wirklich Zeit. Wer klug ist, geht da doch lieber, wenn er etwas braucht, zu einem Handwerker und lässt sich genau das machen, was er sich schon immer gewünscht hat. Oder er macht es überhaupt selber. *Das ist Luxus.* Das ist das wahre Leben. „*Koofen kann jeder*", sagt mein Cousin Harry, der, wie ich wohl nicht extra zu betonen brauche, Berliner ist.❡

Meine Großmutter hat, wenn sie ein neues Abendkleid brauchte, das Teil stets selbst genäht. Aber nicht etwa, weil ihr das Geld dazu fehlte. Geld war immer satt da in dieser Familie, denn mein Großvater war als Arzt so etwas wie eine lokale Berühmtheit.❡

Aber Sophie-Luise fand, dass sie erstens Zeit *spart*, indem sie ihre Sachen näht – denn das geht wesentlich schneller, als genau das zu finden, was sie sich gerade vorgestellt hat, zweitens passt und steht einem das Kleid wirklich, drittens hat Nähen – wie alles Handarbeiten – eine fast meditative Seite. Man kommt wunderbar zur Ruhe dabei und kann Hörspielen im Radio lauschen. Viertens macht es ganz einfach Spaß, weil es unglaublich spannend ist, fünftens ist die Wahrscheinlichkeit gering, dass jemand anderes auch nur ein ähnliches Kleid ausführt und sechstens bekommt man für selbst genähte Ballroben, die stets auffallen, immer Komplimente, die Kleider von der Stange nicht bekommen. Wenn man dann (siebtens) noch ganz gelassen darauf hinweist, dass das Kleid wirklich selbst genäht ist, liegt einem die Männerwelt zu Füßen. Garantiert. Ich finde, das sind eine ganze Menge Vorteile, die so'n bisschen Kreativität mit sich bringt – oder?❡

Das werden zum Shoppen geborene Zeitgenossen natürlich nie verstehen. (Lebens-)Künstler verhalten sich für den *Otto-Normal-Verbraucher* höchst rätselhaft. Das erinnert mich an etwas, was mir meine Kollegin Maja dieser Tage erzählte: Sie ist nicht nur Buchhändlerin, sondern

auch Fotografin. Sie hat die Bilder für dieses Buch und für meine anderen gemacht, auch fotografiert sie für die hiesige Zeitung. Nun war sie letzte Woche bei unserem Steuerberater. Dabei stellte sich heraus: *Der Fiskus geht davon aus, dass jede künstlerische Tätigkeit auf Gewinn angelegt ist.* Na bravo. Jede Form von freiwilliger, entgeltloser, möglicherweise sogar *gemeinnütziger* Tätigkeit wird also fiskalisch bestraft. Zufall? Gemeinnützigkeit oder auch Nachbarschaftshilfe ist für diese Leute, die zur Zeit das Sagen haben, ohnehin so etwas wie ein rotes Tuch. Im Grunde ist das, was da abläuft, totalitär. „Ham wa alles schon ma jehabt", meint Harry. Diese Steuergesetze haben sich also nicht etwa die Steuerfatzkes ausgedacht, deren einzige Kreativität im Anfüllen ihres Mülleimers besteht. Steuergesetze und andere Gesetze spiegeln stets einen politischen Willen wider – diese Erfahrung macht, wer noch selber denkt, immer wieder aufs Neue. Man braucht sich nur mal scheiden zu lassen. Dann heiratet man nie wieder. Ja, man überlegt sich sogar, ob man *überhaupt* heiratet.¶

Als Kind habe ich mir unter Fiskus übrigens nie was vorstellen können, mir war das Wort ganz neu, als ich meinen Großvater darüber klagen hörte, dass der „Fiskus" ihm aber auch gar nichts übrig lasse. Ich erinnere mich noch, dass ich damals gerade das Märchen vom *Froschkönig* in meiner alten Büchergilden-Ausgabe von *Grimms Märchen* (aus dem Jahre 1923) las, das ich wegen seiner Illustrationen so liebte.¶

Die Prinzessin in diesem Märchen hat mich stets mächtig beeindruckt, denn so eine olle, kalte Pogge zu küssen (wie man bei uns daheim eine fette Kröte nennt), das hätte ich

Der Fiskus geht davon aus, dass jede künstlerische Tätigkeit auf Gewinn angelegt ist. Na bravo.

nie über mich gebracht. Eines Tages kam dann ein Steuer-
prüfer ins Haus.❡

Wie man es sich zur Lebensaufgabe machen kann, anderen Menschen am Zeug zu flicken, wird mir ein ewiges Rätsel bleiben, schätze ich mal. Dieses warzengeschmückte
Prachtexemplar einer Pogge stand jedenfalls eines trüben
Morgens vor der Küchentür und ich ließ vor Schreck meine Schüssel mit Honigpops fallen. Ich wich entsetzt zurück,
raste in meines Großvaters Arbeitszimmer und rief: „Der
Fieskuss ist da, der Fieskuss ist da!" Seither wird in unserer
Familie Fiskus nur mit langem „ie" ausgesprochen. Die Pogge hat uns dann acht Tage lang geprüft. Und den Geruch
haben wir wochenlang nicht aus der Stube gekriegt – diese
Kröte erbat sich nämlich ein Heizöfchen aus für die kalte
Pracht, in der wir sie einquartiert hatten, und müffelte dort
vor sich hin, während sie hin und wieder an den Warzen
herumpopelte. Kein Wunder, dass man sich „nicht wohl in
seiner Haut fühlt", wenn man von Berufs wegen anderen
Leuten das Leben schwer machen muss. Das hält auf die
Dauer kein Mensch aus. Die Pogge, habe ich später gehört,
wurde dann doch erlöst, von einer hübschen Bäckerin mit
roten Apfelbäckchen. Sie liebte diesen Menschen, und als
er auf Konditor umgeschult hatte, verschwanden wie durch
ein Wunder auch alle Warzen.❡

Obwohl – ich weiß nicht, ob das jetzt wirklich wahr ist.
Vielleicht ist da auch etwas Wunschdenken mit im Spiel
und dieser Optimismus, gegen den ich inzwischen Tablet-
ten nehme. Vielleicht verwechsle ich das auch mit einem
der Märchen, die ich noch heute gern lese. Realität und
Phantasie bringe ich manchmal ein wenig durcheinander,
aber ich habe immer gefunden, dass ein bisschen Träumen
das Beste ist, um *sich zumindest zeitweise aus einer unerfreu-*

lichen Wirklichkeit wegzudenken. Wenn man dann wieder zurück ist, wirkt seltsamerweise alles nur mehr halb so schlimm: Ich baue *Lustschlösser*, wie ich das nenne. Dieses schöne alte Märchenbuch der Büchergilde Gutenberg war nämlich in Fraktur gesetzt, müssen Sie wissen, und als ich lesen lernte, brachte ich mir, weil ich doch unbedingt wissen wollte, was da steht, die Fraktur selber bei. (Seither rede ich auch gern Fraktur, wenn es um Politik geht. Denn hier ist Schweigen ausnahmsweise *nicht* Gold!)❡

In gotischer Schrift erscheint das „s" fast wie ein „f" – und umgekehrt, so dass *Luft* und *Lust* gleich aussehen. Seither baue ich eben *Lustschlösser* in meiner Phantasie.❡

Das habe ich bei der Bruchbude, in der ich leider leben muss, auch bitter nötig. Mein Mann wollte sie unbedingt haben, kaufte sie für teures Geld – so dass nicht mehr genug übrig ist, um diese unsäglichen Öfen zu reparieren. Das habe ich nun davon. Meinen Mann stört diese verflixte Kälte nicht, denn er ist an der kanadischen Grenze geboren und aufgewachsen. Da ist man an zehn Monate Winter und zwei Monate Matsch gewöhnt, so was härtet ab. Außerdem ist er ständig unterwegs, weil er entweder Hausbesuche macht – oder angeln geht. Noch vor ein paar Jahren hat unser Johannes, der die Eigenart hatte, statt eines f ein *sch* (und umgekehrt) auszusprechen (wie in „ich bin schertig"), sich mit Texten von holder Schönheit königlich amüsiert. Wenn Vatern wieder mal unterwegs war, saß er in seinem Stühlchen und lachte: „Schater schifft schriffe Schiffe, schriffe Schiffe schifft Schater" – sagen Sie das mal ganz schnell!❡

Paula hat mir einmal erzählt, dass sie tödlich langweilige Sitzungen mit ähnlich blödsinnigen Wortspielereien erträglich gestaltete – vor allem aber gerne mit: „Dri Chinisin mit dim Kintribiss", das man, so man alleine ist, auch gut vor sich hinsummen kann. ❡

Singen hilft nämlich immer, das fand auch Tristan Niem-öller. Des Sonntags spielte er Orgel in unserem Dorfkirch-lein – in der Tradition echter Kantoren, die stets nicht nur Schullehrer waren, sondern auch zur Aufbesserung ihrer einstmals knappen Besoldung den Kirchenmusikdirektor machten. Eigentlich hätte Tristan das nicht mehr nötig gehabt, aber er machte es unentgeltlich, weil es ihm ganz einfach Freude bereitete. Wenn sein alter Freund, mit dem er zweimal die Woche Schach spielte, unser Pastor Han-sen, etwas auf der Kanzel sagte, was ihm nicht passte, konnte er schon mal etwas unwirsch einen Akkord anschlagen, der Ole Hansen signalisierte: „Also jetzt gehst du zu weit. Hör auf, so fromm zu tun, und kuck auf die Uhr, Mann! Du predigst nun schon länger als die Polizei erlaubt (und Luther empfiehlt: „Ihr könnt über alles predigen – nur nicht über eine Viertelstunde!"). Merkst du nicht, dass alles nur darauf wartet, zum Frühschoppen abzutauchen!?" ❡

Die Kunst, in schwierigen Situationen ganz einfach ein wenig vor sich hin zu summen, erbringt stets und vor allem sofort die schönsten Wirkungen. Es ist fast so gut wie bewusstes Grinsen: Wenn uns das Lachen einmal vergehen sollte, weil uns da wieder einmal einer schrecklich nervt, zwinge man sich einfach dazu, zu lächeln. Auch wenn dieses Lächeln etwas eher Honigku-chenpferdhaftes hat – ganz egal. Es wirkt – und zwar immer. Denn schon nach dreißig Sekunden Grin-sen, hat die Wissenschaft inzwischen festgestellt, werden im Hirn Glückshormone freigesetzt und dann sieht man die Dinge ohnehin mit anderen Augen. Vielleicht wirken die

Man zwinge sich, zu lächeln. Auch wenn dieses Lächeln etwas eher Honigkuchenpferdhaftes hat.

Chinesen deswegen so überlegen, weil im Land des Lächelns *diese wirksamste aller Sofortmaßnahmen gegen Stress* eine jahrtausendealte Tradition hat. Außerdem wird dort mächtig meditiert, es gibt Zen und das *geniale Tao Te King* (sprich Daudedsching) – und das sei ohnehin allen Menschen, die in Führungspositionen stehen, wärmstens empfohlen. Wer die Regeln des Tao einmal beherrscht, dem wird es nie mehr schwer fallen, über den Dingen zu stehen: Erstaunlich einfache Problemlösungsstrategien von überzeitlicher Gültigkeit werden dort vermittelt, auf die westliche Klotzköpfe nur selten kommen. In China weiß man, es ist auf die Dauer ungesund, mit dem Kopf durch die Wand zu gehen, auch wenn diese Wände nur aus Papier sind.❡

Es ist auf die Dauer ungesund, mit dem Kopf durch die Wand zu gehen, auch wenn diese Wände nur aus Papier sind.

Fast ebenso wirkungsvoll wie Lächeln ist das Pfeifen. „Notfalls reicht auch ein *Bolle reiste jüngst zu Pfingsten*, wenn einem nichts anderes einfallen will", lehrte Tristan. Wo man singt, da lass dich ruhig nieder – denn wer auf die Dinge zu pfeifen versteht (auch wenn ihm gar nicht danach ist), kommt mit den Widrigkeiten des Alltags in der Regel gut klar. *Weswegen ein wenig pfeifen zu den nützlichsten Erste-Hilfe-Maßnahmen zählt.* Vor allem aber ist man sich der Bewunderung der Zeitgenossen, die diese Kunst nicht beherrschen, sicher: Man steht wie ein Fels in der Brandung – auch wenn einem in Wirklichkeit der Arm auf Grundeis geht. Das wirkt erfahrungsgemäß auf alle sehr beruhigend. Wenn der Käpt'n weiß, wo's langgeht, kann es so schlimm nicht sein: Leute mit außerordentlichen Führungseigenschaften wissen das längst.❡

Sie halten auch den Mund – nach der alten Philosophenregel: Se tacuisses, philosophus mansisses – Wenn du geschwiegen hättest, wärst du Philosoph geblieben. Zweitens reden Gewinner, wenn überhaupt, nur sehr langsam und bedächtig und schreien nie. Drittens verwenden sie Ironie im Umgang mit schwierigen Zeitgenossen. Denn sie wissen, damit kommen Pedanten, die alles wörtlich nehmen, nicht klar. Außerdem hat Ironie den riesigen Vorteil, dass man sich selbst dabei fabelhaft amüsiert – auf Kosten eines Kotzbrockens, der mangels Humors überhaupt nicht merkt, was Sache ist. So lassen sich selbst noch tödlich langweilige oder von Aggression bestimmte Sitzungen erträglich gestalten.❡

Paula hat unlängst einen besonders harten Brocken mit der unvermittelten Frage verblüfft: „Sind Sie eigentlich von Natur aus so eklig oder haben Sie dafür extra Stunden nehmen müssen?" Und wenn jemand ihr Vorhaltungen macht, ob irgendeines größeren oder kleineren Fehlers, verblüfft sie den anderen mit der Gegenfrage: *„Das könnte Ihnen wohl nie passieren, wie?"*, was nur ganz hart gesottene Zeitgenossen von sich weisen dürften. Auch den Satz sollte man sich

Dumm zu sein reicht nämlich nicht. Man muss auch unfähig sein, diese Dummheit anzuwenden.

KARL VALENTIN

auf seinen Spickzettel schreiben, auf dem man die Formeln für den Umgang mit Stachelschweinen notiert. Ich habe die Mathe- und Physikformeln früher immer in mein Mäppchen geschummelt, aber genützt haben sie mir nicht viel. Dumm zu sein reicht nämlich nicht. Man muss auch – so wie ich – unfähig sein, diese Dummheit anzuwenden, wie Karl Valentin, glaube ich, einmal gesagt hat.❡

All diese eher schnippischen Bemerkungen haben allerdings den Nachteil, dass sie Chefs und anderen Leuten gegenüber, die am längeren Hebel sitzen, nur bedingt einsetzbar sind. Da ist ein leicht ironisch gemeintes, von einem zackigen „Jawoll" begleitetes Hackenzusammenknallen wahrscheinlich das Äußerste, was man sich erlauben kann, wenn man weiteren Ärger vermeiden möchte. Was mich an das erinnert, was der alte Mayer von Metro-Goldwyn-Mayer gesagt haben soll: „Ich will nicht von Jasagern umgeben sein, sondern von Leuten, die offen und ehrlich ihre Meinung sagen. Auch wenn sie dadurch ihren Job verlieren …"❡

Der Weg des geringsten Widerstands ist oft die beste Lösung – das lehrt auch das oben erwähnte Tao Te King – dann kann man die Chose schnell vergessen und das ist auch etwas wert. Auch wenn man genau weiß, dass man Recht *hat*: Man sollte nicht unbedingt auch Recht *bekommen* wollen, das waren schon immer zwei ganz verschiedene Paar Stiefel. Probleme ganz bewusst *ad acta* zu legen ist auch eine Methode, über den Dingen zu stehen, und zwar nicht die schlechteste. Ein Freundin von mir, die Psychologin ist, nennt das *Gezielte Verdrängung* und sie empfiehlt Tagebuchschreiben – denn was man schwarz auf weiß besitzt, kann man noch besser zu den genannten *acta* legen. Mein Steuerberater spricht in diesem Zusammenhang *von der Kunst, die Dinge ganz einfach abzuschreiben*. (Unser älterer Sohn spricht auch von der Kunst abzuschreiben, aber er meint was anderes damit, fürchte ich …)❡

Der Weg des geringsten Widerstands ist oft die beste Lösung.

Hier geht es natürlich ums Abschreiben im Sinne von wegwerfen, *ent-sorgen*. „Denn was sich in der *runden Ablage* (sprich: im Papierkorb) befindet, darüber brauche ich mir schon keinen Kopp mehr zu machen", wie mein Großvater zu sagen pflegte. „Es sei denn, es handelt sich dabei um Rechnungen, die man noch zu zahlen hat. Das gibt unter Umständen Ärger. Aber Rechnungen, die ein Schuldner nicht zahlt, vergisst man, so es irgendwie möglich ist, am besten."❡

Deswegen schreibe ich große Teile meiner KV-Kartei ab. KV, müssen Sie wissen, ist die Abkürzung für *Kreditverkauf* in meinen Buchhandlungen. Nun gibt es immer Leute, die ungern Rechnungen zahlen, und eine Menge Geld, das mir ehrlich gesagt sehr fehlt, kann ich wirklich in den Kamin schreiben. Meine Kollegin Susanne – sie ist eine waschechte Unterfränkin – hat unlängst KV mit *Kannstvergess* übersetzt und vielleicht liegt in dem Talent, *durch die Finger zu sehen, der Schlüssel aller Lebenskunst.* Susanne wendet ihre schon fast geniale *Kannst-vergess-Technik* vor allem auf die Männer an, die ihr den Hof machen. Da kommen ständig neue, denn unsere Susi ist sehr hübsch, aber da schöne Frauen die Eigenschaft haben, hoch testosteronhaltige Machos anzuziehen, kann man die meisten davon wirklich vergessen. Zur Zeit überlegt Susanne, ob sie sich nicht einen Damenbart zulegt oder eine Warze auf der Nase, damit sie endlich einmal *normale* Männer trifft.❡

Wenn ich das Geld hätte, das ich über die Jahre hinweg in meiner KV-Kartei abschreiben musste, dann wäre ich jetzt aus dem Schneider und könnte mir überdies eine neue Heizung leisten. Wenn ich überdies noch in bar den Gegenwert für die Bücher besäße, die uns alljährlich gestohlen werden, dann bräuchte ich überhaupt nicht mehr zu arbeiten. Aber so funktioniert das wohl nicht im Leben ... ❡

Ich prozessiere nie – unter uns gesagt. Das brauchen Sie jetzt nicht weiterzuerzählen, weil es dann vielleicht ein paar Leute gibt, die das ausnutzen. Aber es ist wirklich so: *Meine Nerven sind mir wichtiger als die auf gerichtlichem Weg erlangte Feststellung, dass ich im Recht bin.* „Glücklich ist, wer vergisst, was doch nicht zu ändern ist", singe ich mir manchmal vor, wenn ich meine Kontoauszüge bekomme, was sich bei mir, wenn ich nicht aufpasse, immer sehr ungünstig auf meine Seelenlage auswirkt. Es braucht dann nur einer anzuklopfen und zu fragen, ob ich einen Kaffee will und eine Butterbreze – und ich könnte schon an die Decke gehen.

Mir ist (wie wahrscheinlich fünfundneunzig Prozent der übrigen Erdbevölkerung) aller Papierkram ein Gräuel. Wie gut hat es doch da meine Freundin Paula – sie sammelt alles, was so anliegt, in einer geräumigen alten Hutschachtel, die sie mit der Aufschrift *Scheiß-Belege* verziert hat. So eine Schachtel wünsche ich mir jetzt auch zum Geburtstag: Da hat man doch, wenn man bloß hinschaut, gleich gute Laune! Father Brian habe ich danach gefragt, ob die Verwendung dieses bösen Wortes in Verbindung mit Quittungen Sünde sei, aber er hat mir eine diesbezügliche Generalabsolution erteilt, obwohl ich Protestantin bin, aber wer weiß, wozu das gut ist, habe ich mir gesagt. So eine Vollmacht zum Sündigen ist vielleicht mal ganz nützlich. „Anything that makes your boat float", pflegt Brian in derlei Fällen zu bemerken, was sich zu Deutsch in etwa mit: *„Erlaubt ist, was gut tut"*, wiedergeben lässt.

Mir hilft zum Beispiel, wenn ich über größere KV-Verlust nachdenke, schon die Vorstellung, dass *man auch ganz anders könnte*, wenn man bloß wollte. Kürzlich las ich's im Internet: Nichts setzt so viele Glückshormone in unseren Köpfen frei wie ganz einfach *zu vergeben und zu vergessen.* Das ist nicht Feigheit, sondern Lebenskunst. Und alles Selbstbewusstseinstraining, das man uns jahrelang als das Gelbe vom Ei zu verkaufen versucht hat, kann man im Grunde vergessen. Dieses verbissene „Ich-kann-alles-erreichen-was-ich-will" oder „Man-kriegt-nur-das-was-man-verlangt" ist ein todsicheres Rezept für lebenslänglichen Stress sowie für Falten, Haarausfall, Mundgeruch und schlechte Laune. *Forget it. Vergiss es – ist die Regel No. 1, die alle, die Talent zum Glück haben, beherzigen.*❡

Diese Wie-werde-ich-reich-glücklich-und-erfolgreich-Ratgeber können Sie ohnehin in der Pfeife rauchen, wie man seit kurzem weiß. Durch die neuartigen PET-Verfahren der Gehirnforschung, die Positronen-Emissions-Tomographie, die es erst seit ein paar Jahren gibt, hat man inzwischen ein paar Sachen rausgekriegt, die man bei uns zu Haus schon lange wusste. Bei Ihnen wahrscheinlich auch.❡

„Schlafe nie mit Sorgen ein", riet mein Großvater, der alte Krischan Brahm. Das klingt banal – und doch: Ganz einfach zu vergessen, was uns unüberwindbar erscheint, ist weise. Vergessliche Leute leben nicht nur länger, sondern auch glücklicher.❡

Als Kinder hatten wir so einen fabelhaften Merkspruch, der auch heute noch ganz nützlich ist. Er ist, glaube ich, nur in Plattdeutschland verbreitet. Hier im Süden jedenfalls, wo ich jetzt lebe, habe ich ihn noch nie gehört. Er ist ein bisschen, na ja, krude vielleicht. Aber da er ja so was von praktisch ist, sei er hier doch erwähnt: *Doofe muss man lassen, wenn sie nicht auf'n Pisspott passen.* Das ist auch so eine von den Formeln, die man sich auf den Spickzettel fürs Leben schreiben kann. Manche Leute haben eben einen kleinen Dachschaden, wo es ständig reinregnet. Auf die Dauer kriegt man dadurch nasse Füße und das wirkt sich, wie ich aus eigener, leidvoller Erfahrung bestätigen kann, ziemlich negativ auf das allgemeine Wohlbefinden aus.

Doofe muss man lassen, wenn sie nicht auf'n Pisspott passen.

Kein Wunder, dass manche Leute so ungenießbar sind. Wenn man das weiß, sinkt schon mal die eigene Bereitschaft, sich zu ärgern und die des anderen dito. Leute mit einem mehr oder weniger offensichtlichen Dachschaden behandelt man am besten nach dem Vorbild einer meiner Kolleginnen, die auf schwierige Kunden spezialisiert ist und die wir deswegen Schwester Irmtraud nennen. Sie wird *so was von nett*, dass wir stets fürchten, auf ihrem Hinterkopf spontan einen Heiligenschein zu gewahren, aber wir sind natürlich froh, dass Schwester Irmtraud die besonders harten Brocken übernimmt. Sie ist mit dem großmütterlichen Rat aufgewachsen, dass es weise ist, *bösen Hunden besonders große Knochen hinzuwerfen* und mit dieser praktischen Technik, die zudem eine ganze Menge Lustgewinn mit sich bringt, kommt man ziemlich weit.

Es ist schwierig abzuwägen, wann man wem zeigen sollte, dass es Grenzen gibt, weil manche Leute es nie kapieren werden. Da ist jeder Versuch, Zeichen zu setzen, pure Zeitverschwendung und die *Pisspott-Technik* ist jeder Auseinandersetzung allemal vorzuziehen.

Der *Pisspott* weist übrigens auf den eher norddeutschen Ursprung dieses Kinderreimes hin. Auch klingt die gelassene Haltung, die dieser Reim schon Kindern im zarten Alter zu vermitteln versucht, mir doch sehr nach Waterkant. Dort weiß man: Es bringt oft mehr Gewinn, zumindest scheinbar den „unteren Weg" zu gehen und nachzugeben. Meist kümmert sich hinterher kein Mensch mehr darum, was man tatsächlich macht. *Bauernschlaues Taktieren* zeitigt stets die schönsten Ergebnisse. Das ist keinesfalls unehrlich oder gar hinterhältig, sondern beweist nur, dass wir den Sinn für die Realität nicht verloren haben und schonend mit unseren eigenen Ressourcen umgehen: Zurückhaltung,

188

Nachdenken und scheinbares Nachgeben sind also oft die klügste Lösung. Außerdem kann man sich im Stillen stets mit dem Gedanken trösten: „Wenn der/die wüsste, was ich über ihn/sie denke!"¶

Besonders ekelhafte Zeitgenossen stelle ich mir manchmal – das ist ein ganz bewährter *Denktrick* – mit einer *Loriot-Nase* vor, und da ich dann ein Grinsen kaum unterdrücken kann, kommt mein Ausdruck dem oben erwähnten, überlegenen Mona-Lisa-Lächeln oft recht nahe. Es hilft auch, wenn ich mir vorstelle, dass mein Gegner Eigelb oder Spinat im Bart kleben hat oder mit Lockenwicklern und einem Friseurumhang angetan ist. Oder einem alten Bademantel und Filzpantoffeln, in denen stachlige, käseweiße, krampfaderndurchsetzte Beine mit leicht atrophischer Muskulatur stecken, die bei mir auch unter der Bezeichnung *Altmännerbeine* laufen. Ich betrachte meinen Gesprächspartner also aus der Kammerdienerperspektive, und weil bekanntlich „niemand ein Held ist für seinen Kammerdiener", hilft diese Vorstellung stets sehr gut.

Niemand ist ein Held für seinen Kammerdiener.

Denken Sie sich ihren Angstgegner weitgehend (wenn nicht *weitest* gehend)unbekleidet in Boxershorts, auf denen zehn Mäuse durch den Schnee tollen. In Amerika gibt es so unsägliche *Weihnachtsunterhosen* mit pummeligen Santa Clauses darauf und geringelten Zuckerstangen und *Rudolph the Rednosed Reindeer* natürlich – vor allem diese ästhetisch sehr ansprechende Kombination macht mir sofort gute Laune. Ich kann mich immer schon prächtig über diese mit Walt-Disney-Figuren geschmückten Krawatten amüsieren, mit denen so mancher Jungspund bei uns vorstellig wird. (Merke: Keine vernünftige Frau sollte dem Gedanken näher treten, einen Mann zu heiraten, der mit Mickey Mäusen auf dem Schlips rumläuft – diese Typen werden nämlich nie erwachsen. Und das nervt auf die Dauer.)

Da ich eine relativ lebhafte Phantasie habe, kann ich mir auch leicht meine Gesprächspartner als verkleidete Tiere vorstellen – als Hirsch zum Beispiel oder als Mops, als Karpfen oder als Bullterrier. Man sollte überhaupt zusehen, die Phantasie zurückzugewinnen, die man noch als Zehn- jähriger hatte, bevor uns alles Fabulieren in Mittel- und Oberstufe konsequent genommen wurde, per Besinnungs- aufsatz. Es ist ganz schön schwer, wieder das Kind zu wer- den, das man einmal war. Aber schon der Versuch lohnt sich: Denn mit Lebenskünstlern ist es wie mit allen anderen Künstlern auch – *alle Kunst ist Spiel, ist Experiment, ist Gelassenheit, ist Selbstvergessenheit.*

Es gibt noch eine andere Möglichkeit, Überlegenheit selbst noch in Situationen zu beweisen, in denen andere die Machtposition innehaben. Tristan Niemöller hat immer: „Aye, aye, Sir", gesagt, wenn er von einem hohen Tier ver- gattert wurde, denn er ist jahrelang zur See gefahren, bevor er die Schiffsplanken der Gorch Fock mit dem kaiserlichen Parkettboden unserer kleinen Schule vertauschte. Diesen breitbeinigen Seemannsgang hat er jedoch sein Leben lang beibehalten und der kam ihm oft zupass.

Manchmal reiche es schon, erklärte Tristan, einem Geg- ner *breitbeinig* und somit selbstbewusst entgegenzutreten. Man kann auch das Kinn ein wenig recken und extra Luft einziehen. Solche körpersprachlichen Signale wirken oft mehr als tausend Worte, weil sie von anderen unbewusst wahrgenommen werden. Das ist das, was unsere Altvor- dern als „Haltung wahren" bezeichnet haben. Wer „Rück- grat" hat, der lässt sich eben nicht so leicht „unterkriegen."

191

Ein Freund von mir steckt die Hände in die Hosentaschen, wenn er zu seinem Chef vorgeladen wird, und klimpert zuweilen mit ein paar Münzen. So weit muss man ja nicht gerade gehen. Und doch, wenn alle Stricke reißen, findet Johannes, der unter unbeschreiblichem Stress leidet, und doch ist notfalls das sprichwörtliche Ende mit Schrecken immer noch besser als ein Schrecken ohne Ende. Allein *dieser Gedanke* macht seinen unbeschreiblichen Arbeitsalltag erträglich und hilft ihm, über den Dingen zu stehen. Auf seinem Schreibtisch steht eine Miniaturausgabe eines Seesacks, die ihn an den selbst gebastelten gedanklichen Rettungsanker erinnert. Kein Mensch weiß, was dieser Sack da soll, aber mir hat er's verraten: *„Zur Not"*, sagt er, *„haue ich nämlich in den Sack. Etwas Besseres als das hier findet sich allemal."* Das stimmt. Es finden sich immer neue und möglicherweise bessere Lösungen, das ist ein ewiges Gesetz. Wenn eine Tür zuschlägt, geht anderswo immer eine neue auf.❡

Ein Freund von ihm, berichtet Tristan, habe während des Krieges irgendwann einmal in einer Auseinandersetzung mit seinen Kirchenfürsten seinen (allgemein als Hundehalsband bezeichneten) Priesterkragen abgenommen, das Teil auf den Tisch des Gremiums gelegt, vor dem er vorgeladen war, und gesagt: „Der ist mir gerade geplatzt. Vielleicht finden Sie ja einen anderen armen Hund, der die richtige Kragenweite dafür hat." Später hat sich dann herausgestellt, wie gut diese Entscheidung eigentlich war. Sobald man das Gefühl bekommt, dass das Schiff, auf dem man fährt, aus dem Ruder läuft, hilft nur eines: Bei passender Gelegenheit in den Sack hauen.❡

Es ist nicht das Ende der Welt, seinen Job zu verlieren – obwohl dieses „Es-ist-nicht-das-Ende-der-Welt" eine ziemlich abgedroschene Redensart ist, das gebe ich gern zu. Und doch – wer Talent hat zum Glück, versteht sich auch auf die Kunst, sich über das hinwegzutrösten, was sich ohnehin nicht ändern lässt – per Vergleichsverfahren. „Denn *im Vergleich* zu dem, was passieren könnte und was anderen passiert, geht's mir ja noch Gold" – das ist eine von diesen Zauberformeln mit Instantwirkung.

Eine Freundin von mir, die ein entsetzlich schweres Leben hat, sagte mir unlängst: „Weißt du, ich hätte seit fünfzig Jahren eigentlich jeden Tag einen Grund gehabt, mir einen Strick zu nehmen. Und doch habe ich dann stets an das naive Sprüchlein gedacht, dass eine alte Tante, die ein noch viel schwereres Leben hatte als ich, mir einst verehrt hat: ‚Immer, wenn du denkst, es geht nicht mehr, kommt von irgendwo ein Lichtlein her.' Diese rührende *Birken-scheibenweisheit* hat mich stets getröstet und ich fand sie auch immer wieder bestätigt: Diese Lichter gibt es. Und wenn es eine Nachbarin herüberträgt, die just in dem Augenblick, wo man reif ist für die Insel, mit einem Teller Plätzchen vor der Tür steht.

Unsere Altvordern waren nicht auf den Kopf gefallen und ihre uralten – in Form von Sprichwörtern und Redens-arten überlieferten – Hausmittel sind auch heute noch zu gebrauchen.

Sie wirken vor allem auch bei echtem Kummer.

Positives Denken und all diese altklugen Ratschläge von Leuten, die alles ganz genau wissen, mag zwar gegen den gemeinen Feld-, Wald- und Wiesenstress wirken, mögli-cherweise auch noch gegen Ärger – nicht aber, und das ist der Knackpunkt, gegen wirklichen *Kummer*.

Seltsamerweise unterscheidet hier das englische stress nicht, das den Chef, der uns anschnauzt, in denselben Topf wirft mit der leidvollen Erfahrung, einsam zu sein oder krank oder arbeitslos zum Beispiel.

Weswegen man die meisten dieser oberschlauen Ratgeber zum Thema Stressbewältigung auch in der Pfeife rauchen kann. Sie sind – wenn überhaupt – nur dann brauchbar, wenn man sich im unteren, vielleicht auch noch im mittleren Bereich auf der Richterskala des Stresses befindet, zumal sie den Stress, den der globalisierte Mensch inzwischen hat, kaum berücksichtigen. Die kleinen Pannen, die den Autoren dieser Bücher als Exemplum dienen, sind ein Klacks gegen das, was jetzt abgeht. Gegen den täglichen Kram, der uns zu schaffen macht, gibt es zwar tatsächlich jede Menge Tipps und Tricks, die die schlimmsten Stress-Schäden vermeiden helfen, obwohl alle im Prinzip auf dasselbe hinauslaufen: Prioritäten setzen und alles andere kurzerhand *delegieren*, wird da stressgeschädigten Führungskräften empfohlen. (Wie, bitte, delegiert man in einem Wirtschaftssystem, in dem von immer weniger Leuten immer mehr Arbeit erwartet wird?)

Solche Texte können nur Leute verzapfen, die des Morgens nach dem Frühstück und der ausführlichen Lektüre ihres Käseblatts ein bisschen schreiben und dann von Muttern mit der Einkaufsliste zu Aldi geschickt werden. Diese Softies, die vom wirklichen Leben keine Ahnung haben, können natürlich gut über Stress dozieren. Theoretisch gibt es jede Menge Kunstgriffe von geradezu genialer Einfachheit, die geeignet sind, dem Leben zu zeigen, wo's langgeht. Aber in der Praxis hapert's dann.

Ich habe so eine Art Spickzettel in meinem Büro hängen, dem Ort also, an dem ich meine Rechnungen und meine Kontoauszüge aufmache und mich frage, wie um Himmels willen ich mich da hinausmanövrieren soll.

194

Auf dieser Liste sind Tristans Erste-Hilfe-Maßnahmen gegen Ärger jeder Art verzeichnet, die vor allem dann, wenn andere einem das Leben schwer machen wichtig sind:

Erste-Hilfe-Maßnahmen gegen Ärger jeder Art

1. Nichts sagen und stattdessen so langsam wie möglich mindestens bis zehn zählen – das hat den Vorteil, dass man schon mal nichts *Dummes* sagen kann oder etwas, das einem später Leid tut und stattdessen *wirklich tief durchatmen.*❡

2. Wenn man drauf und dran ist, etwas Unüberlegtes, allzu Spontanes zu sagen oder auch zu tun, stelle man sich vor, dass uns da einer im Hintergrund mit *einer versteckten Kamera* filmt. Und da niemand Lust hat, auf einem Bild- und Tondokument eine schlechte Figur zu machen, hilft dieser kleine Denktrick sofort.❡

3. Niemals versuchen, schlagfertig zu sein! Das gelingt, wenn Adrenalin im Spiel ist, nie. Die guten Sachen, die man eigentlich hätte sagen müssen, fallen einem immer erst hinterher ein, das ist ein ewiges Gesetz. Dieses Hor- mon stellt nämlich als Allererstes jegliche Denktätigkeit ab.❡

4. Zwei kleine Tricks helfen jedoch *immer*, wenn es wieder einmal einem unangenehmen Zeitgenossen gefallen soll- te, uns auf die Palme zu bringen: Man zitiere irgendein Zitat oder Sprichwort, egal was. Oder auch eine alte Bauern- und Wetterregel, zum Beispiel: *Wenn der Hahn kräht auf dem Mist, ändert sich das Wetter oder es bleibt, wie es ist.* Das verwirrt jeden Angreifer sofort und er denkt angestrengt nach, was wohl gemeint sein kann – er bezieht das nämlich alles sofort auf sich oder auf die Situation und knabbert schwer an dem *Mist* herum oder

an dem *Hahn* beispielsweise. Am besten man legt sich beizeiten so ein schönes altes Zitat zurecht, ein geflügeltes Wort, eine Passage aus einem Ihrer Lieblingsgedichte, ganz gleich. Sie sollte nur *nicht* zur Situation passen, das ist wichtig. Das hinterlässt einen völlig verwirrten Angreifer.❡

5. Man kann diesen Menschen auch ganz unvermittelt nach dem Datum fragen. „Sagen Sie mal, der Wievielte ist heute eigentlich?" – „Der Fünfte, wieso?" – *„Das ist schade, weil ich mich nur an geraden Tagen ärgere."* An geraden Tagen behauptet man natürlich ganz einfach: „Das trifft sich aber schlecht. Heute ärgere ich mich nämlich über gar nichts. Ich ärgere mich nur an ungeraden Tagen. *Und nur in Monaten mit r."* Man kann auch noch ein verwirrendes: „Und dann auch nur morgens zwischen fünf und sechs" nachklappen lassen. Das überfordert jeden, der gerade dabei war, euch anzufallen. Solche Texte von *holder Blödheit* verschaffen einem stets einen hocheleganten Abgang.❡

Das ist schade, weil ich mich nur an geraden Tagen ärgere.

6. Wer's wagt, kann den anderen auch mit einem Kompliment ablenken – das ist das, womit das Ekelpaket am wenigstens rechnet. Man kann in einem Gespräch, das zu entgleisen droht, plötzlich zu der tiefsinnigen Bemerkung ausholen: „Eine schöne Krawatte haben Sie da um. Gefällt mir. Wo haben Sie die gekauft?" Grundsätzlich gilt: *Mit unangenehmen Zeitgenossen kommt man am besten zurecht wie mit kleinen Kindern, die das Brüllen kriegen – Ablenkung ist alles.* Sturmerprobte Eltern wissen: Am besten gar nicht versuchen, das Kind mit logischen Argumenten zu beruhigen. Die gute alte *Oh-kuck-mal-ein-Vögelchen-Technik* lässt fast immer alle Tränen versiegen.❡

7. Bevor man sich alteriert, sollte man ohnehin erst einmal überlegen, ob das, was da gerade abgeht, *nicht eher was zum Lachen ist.* Wer die komische Seite einer schwierigen Alltagssituation sofort erkennt, steht sofort über den Dingen – was stets ziemlich gut kommt. Humor ist näm-lich eine soziale Tugend: Wem es gelingt, eine ganze Gruppe von Leuten, die gerade unter Strom stehen, zum Lachen zu bringen, der hat jede Situation sofort im Griff. Humor ist das Vermögen, vom Naheliegenden abzusehen und die Sache aus einer anderen, überraschenden Per-spektive zu betrachten – und das gelingt in der Regel nur überlegenen.❡

8. Wirklich souveräne Leute verstehen sich auf die Kunst, eine Situation „kurzzuschließen", das heißt, wenn sich alles nur um ein Thema dreht, ist auch nur *eine* Hirn-region gefordert und so kann es leicht geschehen, dass sich die Diskussion im Kreise dreht. Leute von Witz und Verstand brechen mit einem raffinierten Vergleich, einem Bild, einem Scherz aus diesem Karussell aus – zur Freude aller Beteiligten. Genies beherrschen die Kunst, die Lacher auf ihre Seite zu bringen. *Und das ist die viel-leicht eleganteste Form von Überlegenheit: Überlegtheit.* Das Genie benutzt seinen ganzen Kopf. Nicht nur die vorde-ren Stirnlappen, wo alles logische Denken zu Hause ist. Die Lösungen sitzen immer im Hinterkopf.❡

9. Nur braucht man, um darauf zu kommen, eine Denk-pause. Die einfachste Methode, um eine Situation in den Griff zu bekommen, ist: *Wolken zählen. Aus dem Fenster kucken. Driften. Die Augen auf unendlich stellen. An einen schönen Sommertag denken* – und dabei tief durchatmen. Das lässt sich auch fast ganz unbemerkt während langer Sitzungen bewerkstelligen. Aber besser ist es, den Raum

eine Weile zu verlassen – und sich wenigstens einen Kaffee zu holen und ein Glas Wasser. Szenenwechsel hilft immer. In Konfliktsituationen kann man notfalls den Raum mit der Bemerkung verlassen: „Darüber muss ich erst mal nachdenken" – das verschlägt jedem Widersacher prompt die Sprache – doch sind ist solche Texte leider bei Leuten, die in der Hierarchie über uns stehen, nur bedingt brauchbar.❡

10. Man muss ohnehin entscheiden, ob man seine Überlegenheit überhaupt unter Beweis stellen sollte. *Klug ist, wer dem anderen stets Gelegenheit gibt, das Gesicht zu wahren.* Man trete nie mehr Leuten auf die Füße als unbedingt nötig – selbst wenn man sich in der Position des Angegriffenen befindet. Nicht zurückschlagen. Nicht alles sagen, was man gern sagen möchte. Kluge Leute beherrschen die Kunst, sich Kommentare zu verkneifen – und sich stillvergnügt trotzdem zu amüsieren. Hier gilt: Wenn man lachen muss, wegkucken, sich leicht umdrehen, niesen, husten, Nase putzen. Den anderen nicht merken lassen, dass man über ihn lacht.❡

11. Erlerne die Kunst, durch die Finger zu sehen – und Fehler, die andere machen, ganz einfach zu ignorieren. Es lebt sich weitaus angenehmer und offensichtlich auch länger, wenn man nach der WasichnichtweißmachtmichnichtheißTechnik vorgeht. Man muss nicht alles kontrollieren wollen. Man vergesse allen Perfektionismus, denn der ist im Grunde lebensfeindlich und ein sicheres Rezept für Einsamkeit. Denn niemand liebt den Perfektionisten.❡

12. Es gibt Leute, die Stress *idealisieren* und ganz offensichtlich als Statussymbol betrachten. („Je mehr Stress ich

habe oder mache, desto wichtiger bin ich.") Wie lässt es
sich sonst erklären, dass jene Zeitgenossen, die so gern
betonen, dass sie achtzig Stunden in der Woche arbeiten, keine Nacht richtig durchschlafen und seit Jahren
keinen Urlaub gemacht haben, immer so klingen, als
wären sie auch noch stolz darauf? Diese Leute machen
aus Mücken gern Elefanten und lassen niemanden im
Zweifel darüber, dass sie gerade „im Stress stehen".
Wer klug ist, geht ihnen aus dem Weg. Denn sie kriegen
in der Regel ohnehin weitaus weniger gebacken als
andere, die nicht ständig über ihre Gestresstheit
klagen.❡

13. Kluge Leute haben immer Zeit. Sie verstehen sich nämlich auf die *seltene Kunst, das Wesentliche vom Unwesentlichen zu unterscheiden.* Sie haben Zeit für ihre Familie.
Und sie sehen ihre Kinder nicht nur morgens oder
abends, wenn ihr Nachwuchs noch (oder schon wieder) schläft.❡

14. Kluge Leute vereinfachen Probleme – statt sie zu
komplizieren. Sie überlegen sich genau, worüber sie
sich aufregen, und sind – im Unterschied zum Hektiker – stets in der Lage, sich für etwas
zu begeistern, was es wirklich wert ist.
Der Hektiker ist für echte Kreativität
nämlich zu müde, weil er das *Beste in
sich für alles Flüchtige verschwendet.*❡

*Kluge Leute sind stets
in der Lage, sich für
etwas zu begeistern,
was es wirklich wert ist.*

15. Kluge Leute überlegen sich, wenn's schwierig wird, was
von dem Problem, das sie gerade haben, in einem Jahr
noch übrig sein wird. Wenn es aller Wahrscheinlichkeit nach nicht einmal mehr die Erinnerung daran sein
wird, lehnen sie es ganz bewusst ab, der Sache mehr
Beachtung zu schenken als unbedingt nötig.❡

16. Sie wissen, das Leben ist viel zu kurz, als dass man sich über Kleinkram groß aufregen sollte. Im Grunde ist nämlich alles Kleinkram – ist eine reine Sache der Definition.

17. Kluge Leute tragen niemandem etwas nach. Jedenfalls nicht länger als vierundzwanzig Stunden. Sie beginnen jeden Tag neu, nehmen sich eine Stunde Zeit für sich selbst, streichen alle Überträge vom Vortag und kreiden niemandem einen Fehler wirklich an.

18. Kluge Leute lassen die Menschen um sich in Ruhe. Sie halten ihnen nie etwas vor, denn sie wissen: Wenn es etwas gibt, was Beziehungen peu à peu vergiftet, dann sind das Vorwürfe.

19. Kluge Leute gehen stets davon aus, dass in Konfliktsituationen auch ein Missverständnis denkbar ist. Sie verstehen sich auf die Kunst, das Handeln des anderen als Reaktion auf ihr eigenes, vielleicht missverständliches Verhalten zu deuten – ein Talent, das den professionellen Hektikern, die stets bereit sind, sich aufzuregen, völlig abgeht. „Wie es in den Wald hineinschallt, so schallt es heraus", sagt ein altes Sprichwort, das die Sache auf den Punkt bringt: Manche Zeitgenossen hören nur das, was ihnen selbst entgegenschallt, sind aber nicht in der Lage zu erkennen, dass sie an der Ablehnung, auf die sie treffen, vielleicht selber schuld sind. Kluge Leute haben diese Distanz zu sich selbst und wundern sich nicht, wenn niemand den roten Teppich mehr ausrollt an einem Ort, wo sie sich über ein Haar in der Suppe beklagt haben.

20. Die wirklichen Lebenskünstler sehen diese Haare überhaupt nicht. Sie sind diskret und stellen niemals lauthals irgendwelche Ansprüche, selbst wenn sie ihnen „von

Rechts wegen" zustehen. Überlegene Menschen sind mehr als nur höflich – sie sind freundlich. Darin liegt ein feiner Unterschied. Manieren lassen sich vielleicht in der Tanzschule lernen – aber freundlich sind die Menschen, die sich auf die Kunst verstehen, sich *in den anderen hineinzuversetzen.* Dazu braucht man Phantasie – und Seele. Was nicht jedem gegeben ist. ❡

Überlegene Menschen sind mehr als nur höflich – sie sind freundlich.

21. Kluge Leute geben niemals anderen Menschen die Schuld für Dinge, die nun mal passiert sind. *Nie.* ❡

22. Sie sind auch mit fünfundvierzig ihren Eltern nicht immer noch gram, dass diese sie auf die falsche Schule geschickt und so in ihrer geistigen Entfaltung gehindert haben. *Kluge Leute übernehmen die Verantwortung für den Mist, den sie bauen, selbst.* ❡

23. Und sie wollen nicht um jeden Preis Recht haben. Denn Rechthaber sind genauso beliebt wie Perfektionisten: In jeder Kultur der Welt, ja selbst bei den letzten Naturvölkern auf diesem Globus, sind Rechthaber Außenseiter. Wer sein Leben in Einsamkeit beenden will, braucht also nur andere Menschen auf ihre Fehler hinzuweisen und darauf, dass sie selbst die Weisheit gepachtet haben, die wirklich kluge Leute tunlichst für sich behalten. Man muss nicht alles sagen, was man denkt. Das ist schon allein deswegen weise, weil sich vielleicht herausstellt, dass man sich getäuscht hat. Und dann ist man in der Regel sehr dankbar, dass man nichts Voreiliges gesagt hat. ❡

24. Wer wirklich über den Dingen steht, sieht ohnehin zu, dass er niemals mehr redet als dass er zuhört. Daraus lässt sich – umgekehrt – auch eine ganz einfache Faustregel ableiten, die dem in puncto Menschenkenntnis

wenig Erfahrenen helfen, die Spreu vom Weizen zu trennen: *Auf die nähere Bekanntschaft von Leuten, die deutlich mehr reden als zuhören, kann man getrost verzichten.* Vor allem, wenn sie das, was der andere sagt, wenn er denn überhaupt zu Worte kommt, zudem noch missverstehen – dann ist's wirklich zappenduster. ❡

25. Man verschwende ohnehin keine Zeit mit Leuten, die im Wesentlichen über sich, übers Essen, übers Personal, über „ihren Freund" Michael Schumacher reden oder aber über Menschen, die keiner kennt. ❡

26. Wirkliche Lebensart haben nur Menschen, die im gepflegten Gespräch ausschließlich von Dingen reden, die den anderen auch interessieren könnten. Darmoperationen, Verdauungsbeschwerden, Fußpilze, Börsenkurse und andere Interna gehören jedenfalls in den seltensten Fällen dazu. Und über Golf sollte man nur mit Golfern reden dürfen so wie über Jagd nur mit Jägern. Ich frage mich, warum man nicht längst ein entsprechendes Gesetz dafür verabschiedet hat. ❡

27. Man kann auch sehr gut auf die Freundschaft von Leuten verzichten, die die Steuerbeträge nennen, die sie gerade zahlen müssen. Sobald sie sich im sechsstelligen Bereich bewegen, ist äußerste Vorsicht geboten. Denn hier schneidet Herr Großkotz gern ein wenig mehr auf. Mit Leuten, die schlecht über andere reden, ist auch nicht gut Kirschen essen. Im Grunde sagt das, was einer da ausplaudert, mehr über ihn selbst als über ihr Opfer. Auch besitzen Leute, die von ihrem *Landsitz* reden oder ihrem *Familiengut*, auf dem sie gerade *weilten*, wahrscheinlich kaum mehr als einen alten Bauernkotten im Oldenburgischen, wo sie am Wochenende versuchen, mit der Rohrzange die Wasserhähne von 1958 zu reparieren. ❡

28. Wirklich gute Menschen stapeln nie hoch – sondern eher tief. *Am Understatement sollt ihr sie erkennen. Zur wahren Größe gehört nämlich Bescheidenheit.*

29. Auf Leute, die ihre Mitarbeiter oder Kollegen als *Angestellte* bezeichnen, kann man auch verzichten. Leute, die wirklich etwas zu sagen haben, reden außerdem nie geschwollen daher, sondern drücken sich einfach, verständlich, natürlich aus. Ohne allzu viel Jargon und andere Imponiervokabeln. Wer wirklich über den Dingen steht, hat ohnehin eine Neigung dazu, alles in seinem Leben so einfach wie nur irgend möglich zu gestalten. Besitz belastet nur, raubt Zeit, verpflichtet. Und das geht alles von der Zeit ab, die uns für das wenige Wesentliche in unserem Leben bleibt. Niemand, der verstanden hat, was Erich Fromm in *Haben oder Sein* gemeint hat, erlaubt dem *Krempel*, die Herrschaft in seinem Leben zu übernehmen.

30. Leute, die den Durchblick haben, geben sich auch niemals der Illusion hin, dass ihnen eine unbegrenzte Menge Zukunft zur Verfügung steht, denn sie wissen, dass Zeit zu den kostbarsten Gütern gehört, die wir besitzen, und dass es wichtig ist, die Dinge, die uns wirklich wichtig sind, *jetzt* zu tun, am besten noch heute. Nicht erst dann, wenn wir in Rente gehen.

Die Dinge, die uns wirklich wichtig sind, jetzt tun, am besten noch heute.

Wirklicher Erfolg definiert sich in nur einem – in der Freiheit von der Verpflichtung, sich zu einer bestimmten Zeit an einem bestimmten Ort einzufinden. Erfolg bedeutet, es sich leisten zu können, mitten in der Woche, an einem warmen Dienstagvormittag im Mai zum Beispiel, mit der Familie oder mit Freunden zu einem Picknick aufbrechen zu können, was für die

meisten Zeitgenossen natürlich pure Illusion bleibt.
Denn niemand ist frei von der Verpflichtung, Geld zu
verdienen. Aber wenn man erkennt, dass man auch mit
weniger auskommen könnte und dass es – wirtschaft-
lich gesehen – nicht immer bergauf gehen *muss*, dann
wäre schon viel gewonnen. Wir fühlen uns den Zwängen dieses Alltagslebens ausgeliefert, die sich nur kaum
beeinflussen lassen. Aber vielleicht stimmt ja das, was
man uns darüber erzählt, überhaupt nicht. Vielleicht ist
Stillstand gar kein Rückschritt.

31. Kluge Leute definieren das Wort *Lebensqualität* für sich
ganz neu. Und sie versuchen, sich wenigstens zum Teil
von den Zwängen des Konsumterrors zu befreien. Sie
wissen, dass die Zeit, über die wir wirklich frei verfügen
können, zu den wirklichen Luxusgütern dieses Lebens
gehört – neben der Abwesenheit von Schmerz und
Krankheit natürlich (was man gern vergisst, wenn man
gesund ist). Zeit haben und Ruhe, Zeit für andere,
Zeit für die Liebe vor allem, Zeit zu genießen, Zeit für
Schönheit, für Musik, Zeit, um sich von innen zu
bekucken. Was braucht man mehr – außer einige gute
Bücher vielleicht noch, etwas zu knabbern und ein Paar
bequeme Schuhe zum Wandern? Etwas Übles ist der
Zwang, sagt Epikur. Doch wer zwingt uns, unter Zwang
zu leben? Und Diogenes in seiner Tonne entgegnete einmal einem jungen Erfolgreichen, der ihn darauf hinwies,
dass er, wenn er gelernt hätte, den richtigen Leuten zu
schmeicheln, nicht von Linsen leben müsste: „Wenn du
gelernt hättest, von Linsen zu leben, müsstest du niemandem schöntun." Natürlich müssen wir Geld verdienen – das lässt sich nun mal nicht ändern. Zumal wir
hier, anders als Diogenes, in nördlichen Breiten leben

und es im Winter in so einer Tonne empfindlich kalt werden dürfte. Aber mit dem Alltagsstress ist es wie mit einem Paar der oben genannten Schuhe – wir brauchen sie zwar hier in unseren Breiten, weil kalte Füße den Lebensgenuss doch sehr dämpfen (wie wahr! Anm. d. Autorin), doch niemand, der seine Sinne beisammen hat, würde ein Paar kaufen, das ihm zwei oder drei Nummern zu klein ist. Wenn es uns gelingt, uns aus allzu engen Verhältnissen zu befreien, ist alles nur noch halb so schlimm. ¶

Also sprach Tristan Niemöller, dessen Aufzeichnungen ich hier fast ungekürzt und unverändert wiedergegeben habe. Ein paar seiner manchmal etwas drastischen Äußerungen über dieses krank machende Wirtschaftssystem, in das wir hineingeboren sind, habe ich weggelassen. Manches geht wirklich etwas weit, vor allem wenn er über diese Clique, die uns regiert, wettert. ¶

(Bei Kummer, *wirklich echtem Kummer*, schränkt er in einem Postskriptum noch ein, sind diese Handreichungen ohnehin nicht verwendbar – sie helfen wirklich nur gegen den ganz normalen, gemeinen Feld-, Wald- und Wiesenstress.) ¶

Gegen Herzeleid hingegen sei kein Kraut gewachsen, schreibt er. Hier lässt sich nur sehr wenig tun, außer *Lesen und Abwarten und den Herbst in seiner Seele hinnehmen*. Die Erfahrung lehrt: Auch wenn sich der Winter bis Mai hinzieht und gar nicht enden will – irgendwann wird's doch wieder Sommer. Die Vögel wissen das – sie wissen nämlich, weil sie draußen leben, mehr über diese Dinge als unsereins. Manchmal, wenn im Februar noch alles Stein und Bein friert, die Sonne aber richtig steht, dann piepen sie schon mal ganz vorsichtig und sozusagen probehalber im Gebüsch. Sie wissen: *Jetzt kann's nicht mehr lange dauern.* Wer sich ab und zu den Himmel anschaut und die Sonne, der weiß, dass sich die Dinge schon irgendwann zum Besten wenden werden. Ist nur eine Frage der Zeit.❡

Geduld bringt Rosen, pflegte auch meine Großmutter zu sagen, die ihre ganz eigene Technik entwickelt hat, mit den größeren und kleineren Widrigkeiten des Lebens klarzukommen: Sie ging in ihren *Geduld bringt Rosen.* Garten (oder in ihr schönes altes Glas- haus), arbeitete ein wenig und zauberte mit ihren zarten Aquarellfarben eben diese Rosen aufs Papier. Selbst im Winter.❡

Die Kunst des Aquarellierens, lehrte sie uns, besteht dar- in, *die Details eines Motivs außer Acht zu lassen* und in einem Zuge zunächst einmal nur das Wesentliche festzuhalten. Allerdings erfordert das einige Übung – es klappt nicht sofort. Und manch einer lernt's nie, ehrlich gesagt, weil man eine ruhige Hand zum Malen braucht, so wie für alle (Lebens-)Kunst. Und ein Gefühl für die richtigen Propor- tionen.❡

Je weniger ein Aquarellist benötigt, um ein Motiv zu vollenden, desto größer ist seine Kunst. Was so leicht aus- sieht, ist tatsächlich schwer: *Man braucht Jahre, um endlich wegzulassen, was unwesentlich ist.* Man braucht Jahre, um zu lernen, dass es gerade beim Aquarellieren darauf ankommt, im richtigen Moment aufzuhören. Ein paar Pinselstriche zu viel – und alles ist verdorben. Genau wie im richtigen Leben.❡

Das ist meiner Großmutter Sophie-Louise Brahms Aquarelltechnik, mit der ich dieses Buch denn auch be- schließen will. Tristan Niemöller hat Sophie übrigens sehr verehrt. Von ihm bekam sie eines Tages, es muss in den späten Fünfzigern gewesen sein, zu ihrem Geburtstag Karl Foersters wunderbares Gartenbuch *Es wird durchgeblüht* geschenkt, das sie stets griffbereit liegen hatte. In späten Jahren, als ihr Gedächtnis ein wenig nachließ, hatte sie mehrere Exemplare davon an verschiedenen Stellen im Haus deponiert. Die wirklich wichtigen Bücher in unserem Leben sollte man ohnehin ruhig mehrfach haben und ganz einfach strategisch dort platzieren, wo wir sie vielleicht dringend benötigen.

In Foersters genialem *Es wird durchgeblüht* verrät der Potsdamer Philosoph nicht nur seine Gartengeheimnisse. Es ist mehr als das. Es ist eine Liebeserklärung an das Leben und den Rittersporn (den er den *blauen Schatz des Gartens* nennt), an Herbstastern und Silberdisteln und an jene Pflanzen vor allem, die auch im Winter blühen: Christrosen und Zaubernuss zum Beispiel. Wer sie rechtzeitig pflanzt, dem blühen sie auch, wenn alles Stein und Bein friert – und vielleicht ist das ja das ganze Geheimnis: Wer *die Kunst beherrscht, sein Leben so einzurichten, dass er selbst und die Seinen sich stets auf etwas freuen können, der steht wohl wirklich über den Dingen.* Wer die Freude nicht vergisst und das Lachen und das oberste moralische Gesetz, das darin besteht, jeden Tag einen Menschen glücklich zu machen, der hat's wirklich geschafft. Dem blühen Christrosen selbst im Januar.

Die heißen sicher nicht zufällig so.

Eva-Maria Altemöller
Camden, Maine, im Frühjahr 2003